人生を自分で見通す
力をつける

透視レッスン

Aura Reading Lesson

透視リーダー
井上真由美

河出書房新社

もし今、あなたの人生に何か困難があるなら、
解決のために目を向けるべきは、あなたのオーラです。

もし今、あなたが人生の岐路《きろ》に立たされているなら、
正しい選択をするために相談すべき人は、
あなたのハイアーセルフです。

オーラを整え、ハイアーセルフとつながれば、
自分の人生を見通すことができるようになります。
生きるのが楽しくなり、
望む未来を自分自身で創れるようになります。

そのために活用できるのが、「透視」です。

透視は、決してむずかしいものではありません。
ちょっとしたコツさえつかめば、誰にでもできます。

そして、透視によって、
幸せな人生を歩むことができるのです。

さあ、人生を見通す「透視レッスン」の始まりです。

プロローグ
人生は半径45センチの中にある

初めまして。透視リーダー・ヒーラーの井上真由美です。

私は東京の日本橋で、毎日5、6人のご相談に対して、〝透視〟を使って問題解決のお手伝いをさせていただいております。

ご相談内容は、それこそ千差万別。ひとつとしてセオリー通りの解答が用意されているわけではありません。

ですが、のべ6000人以上のセッションでおこなっていることは非常にシンプルで、初めてのときから今日の今日まで、私が問題解決に導くために使っているスキルは一貫しています。

それは、お客様のオーラを視《み》て、お客様のハイアーセルフに質問すること。

オーラは、人の周りを半径45センチほどの大きさで卵形に取り巻くエネルギーフィールドです。この小さなオーラの中には、「人生の書」、または「小宇宙」と言われるくらい様々な情報が含まれています。

ハイアーセルフとは、文字通り「高次の自己」「真の自分」。肉体が何度生まれ変わっても、変わることなく永遠に生きる霊的な自分のことです。

透視リーダーは、お客様のオーラを視て、問題解決のアドバイスをします。

そして、その際には、「なぜ、このようなオーラをしているのですか?」などとハイアーセルフに質問をしています。すると、その方が悩んでいることの答えや問題解決のためのヒントが、手に取るようにわかるのです。

ハイアーセルフに質問すれば、ありとあらゆる情報を教えてくれます。

過去生から持ち越している課題や今の肉体を選んだ理由。そして、その肉体を使ってこの人生で何を達成したいのかといった人生の大きなミッションまで。質問すれば、明確に答えてくれます。

あるいは、もっと身近な日常のことなど、どんな些細《ささい》なことを聞いても大丈夫です。

なぜなら、ハイアーセルフとしては、私たちの肉体とともにいられる間に、少しでも霊的な向上をしたいからです。だから、もし本人が些末《さまつ》なことに戸惑っているとしたらすぐに解決し、早々に本質的なことに取り組んで欲しいと願っているのです。


オーラを視て、ハイアーセルフに質問する。

私はこのシンプルなスキルを使い、日々セッションを繰り返すほどに、

「このスキルをお客様がご自分で使えるようになったら、幸せな人が増えるのに」

という思いを強めていきました。


本来、誰もが自分自身に一番関心を寄せています。

誰もが、自分自身を幸せにしてあげたいと思っています。

そのためには何が必要でしょうか。

――それは、「自分を知ること」です。


この本は、「透視の本」です。

しかも他人ではなく、自分自身を透視し、人生を見通して幸せになるための本です。

私の周りで透視能力を磨いた方たちは、決まって「クヨクヨしなくなった」「安心感の中で生きられるようになった」とおっしゃいます。

また、「本当にやりたいことが見つかった」「自分の選択は間違いではないとわかった」とおっしゃる方も大勢います。

自分のオーラを視て、自分の人生の目的を決めているハイアーセルフとつながる。

そうすることで、あなたは**自分の人生の歩き方について最善の方法を、自分の力で知ることが可能**になります。

インターネットやSNSの登場によって、私たちは以前よりずっと早く、知りたい情報を集めることができるようになりました。

その一方で、「本当の自分」を見失いやすくなっています。

あなたは、さっき見たネットニュースから影響をまったく受けていない、と言い切れるでしょうか。

旧友や実家のご両親の近況より、ＳＮＳでつながった会ったこともないフォロワーのランチの写真に、「おいしそう」と心を動かしてはいないでしょうか。

日々無防備に触れている情報は全部オーラの中に貯蔵され、その分「その人らしさ」を失わせていきます。透視リーダーの見地から言わせていただくと、そのオーラの様子はまるで、自分のお部屋に、他人の趣味のコレクションを預かりっぱなしにして暮らしている人のようです。蓄積された情報は、すべてあなたの人生に影響を与えます。

オーラの状態が、あなたの人生に映し出されるからです。

とはいえ、今の時代にパソコンやスマートフォンを手放してくださいと言われても、現実的にはむずかしいでしょう。

ですから、この本では、自分自身でオーラをきれいにする方法もお伝えしていきます。じつはそれが、自分を透視していくための基本となるのです。

オーラの状態がよくなると、透視がスムーズにできるだけではありません。人生が順調に展開し始めます。

ただし、私がこの本でご紹介するレッスンの数々は、どれも孤独になったり山にこもったりして、厳しい修行をしなければ習得できないものではありません。

また、仕事を辞める必要もありません（やりたくない仕事をしているなら、転職を考えるようになるかもしれませんが）。特別に何かを買いそろえる必要もありません。

用意するものは、日々少しだけ自分を透視する時間と、自分自身をお世話し続ける愛の意識です。

透視によってハイアーセルフとつながることは、あなたオリジナルの人生の方位磁石を手に入れるようなものです。

この本で紹介しているレッスンを日々繰り返すことで、この世に生きる誰よりも、あなたがあなた自身を幸せにする方法と能力を手にできることでしょう。

透視リーダー・ヒーラー　井上真由美

Voice

透視によって変化を感じた方々の感想

本書でこの後お伝えする透視、また透視力をアップするための瞑想《めいそう》を体験された方々の感想を、一部ご紹介します。

瞑想を始めて約1カ月後、望んでいた現在の会社の社長から声をかけてもらい、**思ってもみなかったポジションに就くことができました。**

C.Hさん／40代女性

今、**何をしたらいいかを自分の意志で考えられる**ようになり、自分自身で物事を決めて生きていると実感しています。また、**穏やかな毎日を送れるようになりました。**

S.Oさん／30代女性

これまでなら、他者の不快な言葉や行動にイラッとした場面でも、最近では、不快感を覚える前にストップできるようになり、**イヤなことが起きても、感情が乱れることがとても少なくなりました。**

Y.Eさん／40代女性

「瞑想中に視えたものは錯覚《さっかく》かもしれない」と思いながらも、視えた画像が自分にとって望ましい場合は、その画像が発展していくようイメージし、視覚化していました。すると少しずつですが、その**イメージが現実にリンクしてくるようになった**と感じています。

T.Yさん／40代女性

瞑想が終わると、それまで頭の中を駆け巡《めぐ》っていた嫌な言葉や感情の数々が消え、高原の朝のようにさわやかですっきりとした状態にリセットされます。

何か問題が起きても落ち着いて対処できることが増えました。

さらに、瞑想中や瞑想後に、**今まで思いつかなかった仕事のアイデアがよく湧いてくるように**なりました。

R.Tさん／40代女性

瞑想の前後では、気持ちのありようが違います。特に、心身ともに疲れがたまっているときにおこなうと、**終わった瞬間に脳内がクリアに**なり、シーンとした静けさが訪れるような感じがします。また、**首や肩のコリがラクになり、視界が明るくなって目がよく見えるような感覚**になります。

R.Iさん／40代女性

Contents

Lesson 2

オーラの状態で、視え方が変わる

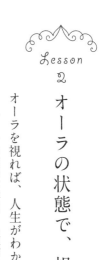

Lesson 3

透視の基本　自分を整える

Lesson 4

透視の実践　視る力を鍛える

Lesson 5
透視の応用 日常で使う

序章

自分の人生を知るための「透視」

あなたは、すでに透視能力を持っている

「透視は、誰でもできるのですか？」

お客様やセミナーの受講生から、こんなご質問をよく受けます。

私は決まって、こう答えます。

「はい、もちろんできます！」

すると皆さん、「本当にそうかなあ!?」と腑《ふ》に落《お》ちない顔をされるので、あなたもきっと今は、「自分にできるのかな」と半信半疑かもしれません。

でも、大丈夫です。すべての人がオリンピック選手や世界的シンガーになれるわけではありませんが、誰でも、走ったり歌ったりすることはできますね。

そしてどんな人も、練習次第で、今よりもっと上手に走ったり歌ったりすることができるようになります。

透視も、それと同じです。その能力は、すべての人が持っています。それを少しずつ磨いていけば、必ず自分で自分自身を透視できるようになっていきます。

実際に、「透視」してみよう！

ではここで、あなたの透視能力を試してみましょう。とても簡単なテストなので、リラックスしてやってみてください。


まず、目を軽く閉じてください（初心者は目を閉じた方がやりやすいです）。

次に、リンゴをイメージしてみてください。

どんな色でしょうか？　表面はツルツルしているでしょうか？　それとも、どこかに傷があったり、ザラザラしたりしているでしょうか？

形や大きさはどうでしょう？　香りはするでしょうか？

どうぞ、実際に目を閉じてイメージしてみてください。

……たぶん、あなたなりの「リンゴ」が透視できたはずです。

万が一、リンゴが視えなかった場合は、本物のリンゴを目の前に置き、それを見た後に、もう一度トライしてください。今度は目を閉じていても、ハッキリと視えてくるでしょう。

次に、自分の部屋を思い浮かべてみてください（もしあなたが今、自分の部屋にいるのなら、好きな公園やお気に入りのカフェのことを思い浮かべてください）。

どんな様子か、視えましたか？

見慣れた風景が映像として浮かんできたでしょうか。

もし視えたのなら、今あなたは、もっとも初歩的な透視能力を使ったことになります。どうでしょう、簡単ではありませんか？

今あなたがおこなった透視と、あなたの未来や過去を視る透視に、差異はありません。なぜなら、どちらも**ただ「目の前にないもの」を視るだけのこと**だからです。

でも、多くの方は「私に透視なんてできません」とおっしゃいます。

それはなぜかといえば、透視というものを誤解しているからだと思います。

透視とは、霊能力者のように相手の過去や過去生、または未来をズバズバ言い当てたり、ＦＢＩの捜査《そうさ》に協力して失踪者《しっそうしゃ》の居所を突き止めたりするようなものだと、あなたは思っていないでしょうか。

もしそうであれば、ほとんどの人は「透視」できないでしょう。

そういった「透視」をプロとして職業にするには、それこそオリンピック選手のようにトレーニングを積んだり、修練が必要だったりするからです。

自分を幸せにするための透視とは、もっと身近です。今あなたがやっていることの延長線上で、できるのです。たとえば、こんな経験はないでしょうか？

・家族の様子がいつもと違うので「何か怒っているのかな？」と思った
・恋人がソワソワしているのを見て、「もしかして浮気しているのかも」と感じた
・急にいきいきしてきた友だちに「恋人ができた？」と聞いたら図星だった

じつはこれも、立派な透視です。目に見えない「気」や「エネルギー」をキャッチ

することも、ひとつの透視だからです。

私たち透視リーダーは、自分ではない相談者のエネルギーを映像で受け取る訓練をしています。ときには目の前にいない相談者の人間関係を、ハイアーセルフの許可を得て透視したり、亡くなった方のエネルギーを視たりすることもあります。プロは他者を透視する。一般の方とは、そこが違うだけなのです。

しかし、普通に生きていくのであれば、プロ並みの透視能力は必要ありませんね。

これからのあなたに必要な透視能力は、「自分のことが自分自身でわかる能力」です。

それは、「願いを叶えるために、どんなふうに進めばいいか」を見通せる能力であり、「今抱えている問題を解決する方法」を見つける能力でもあります。

自分のエネルギーが現実世界にどんな影響を及ぼすのかを視るのが、「透視」だと思ってください。

自分自身について見通すことができれば、人生に迷わなくなります。

いつも心が穏やかで、落ち込んだり悩んだりすることが大幅に減っていきます。

しかも、とても嬉しいことに、自分自身を透視する能力は「セルフワーク」、つまり自分自身で訓練してどんどん磨いていけるのです。

この本では、あなたがご自身で透視能力を高めていけるよう、様々なワークをご紹介していきます。

ワークといっても、決してむずかしいものではありません。慣れれば短時間でできるようになります。また、普段の生活の中で使えるテクニックなので、日常のいろいろな場面で生かしていただけます。

ぜひ、楽しみながら学んでいってください。

「視る」とはどういうことか

「透視ができる」というと、「すご〜い！　オーラとか前世とか、視えちゃうの？　私のも視て欲しい」と好奇心満載でおっしゃる方もいれば、逆に「怖〜い！　私の部屋とか視ないでね」と拒否反応を示す方もいらっしゃいます。

この差は、なんだと思いますか？

答えは簡単です。「視る」という言葉を「知る」に置き換えてみてください。

自分を知ることや知られることにオープンな方は、好奇心満載な反応をします。逆に、知ることや知られることを怖れていたり、まだその準備ができていらっしゃらなかったりする場合は、クローズドな反応を示されます。

誤解がないようにつけ加えると、どちらが良い悪いということではありません。単に、両者の違いがあるということです。

しかし、この本を手に取ってくださったあなたは、少なくとも自分自身を、あるいは、自分の人生を「知りたい」と思っていますよね⁉︎　その意思があれば、「視る」ことは簡単です。あとは、すでにある透視能力を磨いていけばいいだけです。

ただし、透視を学ぶ上で忘れてはならないことがあります。

透視能力は、誰かをコントロールするために使うものではありません。また、教祖のように崇《あが》めてもらうために身につけるものであってはなりません。

本来、自分を深く知れば知るほど、他者に対しても謙虚《けんきょ》な姿勢と尊敬の念を抱けるようになるはずなのです。

なぜなら、**透視を続けていくと、自分の人生のために、自分自身ではできない役割**

を、他の人がその人生をかけて担ってくれていることがわかるからです。

たとえば、あなたにきつくあたる上司がいたとしたら、その人はあなたを成長させるために、あえて「嫌な上司」を演じてくれているとも言えるのです。また、あなたが母親との確執《かくしつ》を抱えているとしたら、その関係の中で魂を磨くために、母親が一役買ってくれているのです。

こう言うと、「そんなことありえない！」と抵抗感を覚える方もいるでしょう。

今は、ピンとこなくても構いません。この本を読み進め、透視を学ぶうちに理解していただけることと思います。

ここでは、透視能力を磨く目的は、「自分を透視する＝自分を知る」ことであり、それはとりもなおさず「他者を尊敬する」ことにつながると覚えてください。

透視で、最高の「自分の取扱説明書」が手に入る

この本の後半では、瞑想によって透視する方法を詳しくお伝えしていきます。

もしあなたが瞑想初心者であっても、手順に沿って練習すれば必ず透視はできるよ

うになるので、焦《あせ》らず透視を学んでいってください。

透視ができるようになると、感情に振り回されることが少なくなります。

たとえ、一時的にイライラしたり落ち込んだりしても、自分でその問題の原因を探り、解決していけるからです。すると人生が穏やかになり、やりたいこと、やるべきことに集中できるようになっていきます。

さらに、透視を続けていくと、次第に自分の本質に気づけるようになります。

透視を身につけることは、「自分の人生の歩き方」を手に入れるようなもの。最高の「自分の取扱説明書」を自分自身でどんどん書けるようになるというイメージです。

最新のパソコンや電化製品を買っても、全機能をよく知らなければ、せっかくの性能を使いこなすことができません。

透視によって自分という存在を知ることができれば、それまで気づけなかった自分の才能やその生かし方、人生のテーマを知ることができます。

個性がより前面に出て、自由に生きられるようになるので、今まで嫌いだった人や許せなかった人が気にならなくなっていきます。まさに、いいことずくめなのです。

透視をする上で基本となるのが、自分自身のハイアーセルフとつながることです。
さっそく、ハイアーセルフと私たちの関係、コミュニケーションの方法について、レッスン1で学んでいきましょう。

Caution

透視をする際の注意点

依頼されていない他人を透視することは、プロであっても絶対におこないません。プロが依頼者と関係する第三者のエネルギーを透視する場合は、その第三者のハイアーセルフに許可を得ています。本書のようなセルフワークの透視では、ご自分と、ご自分の質問に関係する方のエネルギーを視るまでにとどめましょう。

自分のとった行動は、必ずそれに見合った結果を生み出します。それを「カルマ」と言いますが、勝手に第三者を透視することは、あなたにとって望ましくないカルマを作り出します。また、モラルに反する「スピリチュアルハラスメント」になりますので注意しましょう。

Lesson

1

本当のメンターは、あなたの中にいる

ハイアーセルフは、どんな小さな質問にも答えてくれる

ハイアーセルフは、中立で高い次元の情報を持ち、私たちのすぐそばで人生を導いてくれる心強い存在です。

一生を通してともに生きていく相棒のようなものだと思ってください。

ハイアーセルフに正しくつながっていけば、それだけで人生のあらゆる問題が解決していきます。まずは、そんなハイアーセルフと日常的につながれるシンプルな練習から、ご紹介していきましょう。

ハイアーセルフに、簡単なことから質問してみる

ハイアーセルフは、どんな小さなことでも答えてくれます。頻繁にこちらから話し

かけ、日々の中であなたの気になることを聞いたり、願いごとを伝えたりしてみましょう。

たとえば、次のように質問したり、頼んだりしてみてください。

・出がけに、「今日は傘が必要?」「忘れ物はない?」と聞く
・電車で、「次はどこの席が空くの?」と質問して、ピンと来た席の前に立つ
・買いたい物がどのお店にあるか聞いてから、買い物に行く
・プレゼントを選ぶとき、ハイアーセルフに何がいいか聞く
・失くし物をしたとき、「見つけておいて」とお願いする

そうすると、ハイアーセルフは最善のサポートをしてくれます。

たとえば、ハイアーセルフが教えてくれたプレゼントを贈ったら「これ、前から欲しかったものだ。なんでわかったの!?」と驚かれたり、失くし物が後日見つかったりするのです。

「そんな些細なことを聞いていいの?」と戸惑《とまど》うかもしれませんが、はじめは「イエ

ス・ノー」で答えられるような簡単な質問や、ちょっとした頼みごとのほうがいいのです。

そういった日常的な質問には、「こうあって欲しい」「これは嫌だ」というエゴが介入することがありません。「今受け取った答えはハイアーセルフからではなく、単に自分の願望かもしれない」という疑いを抱かずに済みます。

たとえば最初から、自分の天職について質問し、ハイアーセルフから正しい答えが返ってきたとします。しかしハイアーセルフとのつながりに自信が持てないと、「まさか、そんなはずはないよね」とスルーし、チャンスを逃してしまう可能性もあります。そうなると、もったいないですよね。

ですから**慣れないうちは、人生に関わる大きな問いや深遠な内容ではなく、日常の簡単な質問をして、ハイアーセルフとの関係を強くしていくことが大切**なのです。

最初は「なんとなくそんな気がする」「こう言われているような感じがする」という感覚を大事にしていきましょう。すると次第に、返ってきた答えに確信が持てるようになりますよ。

私がハイアーセルフとつながる練習を始めた頃によくやっていたのは、野菜の値段を聞くことでした。駅前で買い物する際に「〇〇が一番安いスーパーはどこ?」と尋《たず》ねるのです。答え合わせは、数軒のスーパーを回ればすぐできます。結果がすぐわかるので、いい練習になりました。

このように身近な質問をして小さな成功体験を積み重ねていくと、ハイアーセルフとつながるコツがわかり、自信がついていきます。

ハイアーセルフに、ナビをお願いしてみる

少し慣れてきたら、初めて訪れた土地で「右か左、どちらの方向にカフェがある?」とナビを頼んでみましょう。その後、ピンと来た感覚に従って進んでいくと、まったく知らないところでも感じのいいお店を見つけられるようになります。

ハイアーセルフにナビを頼めるようになると、とても便利です。

あるとき、外出先で靴のヒールが片方折れてしまったことがありました。そこで、

「近くに修理できるお店はない？」とハイアーセルフに聞いてみたのです。すると、「少し先に地下街への入口があるから、そこに入るように」とメッセージがきました。言われた通りに地下へ降りてみると、階段を下りた一軒目に靴の修理屋さんがありました。

もちろんハイアーセルフに質問しなくても、直感のままに進んでいけば同じ状況になったかもしれません。しかしそれだと、「たまたま、すぐ見つかってラッキー」で終わってしまいます。

でも、事前に質問してハイアーセルフに教えてもらった結果、目指す場所が見つかったとしたら、その経験が自信になり、信頼関係を強くしていくことができます。ですから、日々のあらゆる機会を使ってハイアーセルフに話しかけ、つながっていきましょう。

ハイアーセルフは、わかりやすい形でサインをくれる

ハイアーセルフとのパイプが太くなると、質問をしなくてもメッセージが受け取れるようになります。

以前、出かける前に「傘を持っていくように」とハイアーセルフから告げられたことがありました。その日は真夏でカンカン照りだったのでさすがに断ると、「いや、長い傘が必要だ」と言います。晴れた日に長傘を持ち歩くのは嫌だなと思ったのですが、言われた通り、傘を持って出かけました。

結局その日は、ニュースでも報道されたくらいのゲリラ豪雨に見舞われ、長傘があったおかげで、とても助かったのでした。

ここでのポイントは、ハイアーセルフの言葉に従ったことです。ハイアーセルフとの関係は、大事な親友との関係と同じです。相手が親身になって言ってくれていることを無視すると、お互いの信頼関係がくずれてしまいます。だから私は、ハイアーセルフの言葉は無視しないと決めています。

他にも、出かける前に、ある資料を「持っていったほうがいい」と言われたので持参したところ、打ち合わせで大いに役立ったり、「今日はどの本を電車で読む?」とハイアーセルフに相談して選んだ本がセッションで必要になったり……。ハイアーセルフとのつながりが強くなると、様々な形でサポートされていると感じられるようになります。

とはいえ、今までその存在すら意識していなかったハイアーセルフとコミュニケーションを取っていくのですから、最初は「これでいいのかな」と迷うかもしれません。でも練習を続けるうちに、ハイアーセルフとの会話が「当たり前」になっていきます。

このとき注意したいのが、**ハイアーセルフからの情報が、会話や文章などの形で届くとは限らない**ということです。

たとえば、象徴的な言葉がふと浮かんできたり、看板やテレビ、インターネットなどで目にした文言にハッとさせられたりする形で、ハイアーセルフがメッセージを伝えてくる場合もあります。

ハイアーセルフはどんなときも、私たちが一番わかりやすい状態でメッセージを届けてくれます。「こうでなければならない」という思い込みを外して、ハイアーセルフとつながっていってください。

返ってきた答えがピンとこないときは、「ちゃんとわかるように教えて」「もっとわかりやすく伝えてね」と言えば、数日中にきちんとフォローしてくれます。

「もっとわかりやすく教えて」とハイアーセルフに言ったのに、1週間経ってもその答えがこなかった場合は、まだ知る時期ではないという可能性もあります。いったんその質問を手放しましょう。必要な時期が来れば、そのタイミングだとわかるでしょう。

このようにして、ハイアーセルフとコミュニケーションを取り続けていけば、やがて人生の大きな岐路《きろ》でもハッキリとした答えを得られるようになっていきます。

初対面の人と会うたびに仲良くなり、やがて親友になるような感覚で、コミュニケーションを楽しんでください。そういう姿勢でハイアーセルフを尊重していると、お互いの絆《きずな》がグッと深まっていくでしょう。

ハイアーセルフとは、あなたを導く「もうひとりの自分」

では、なぜハイアーセルフは私たちをサポートし、導いてくれるのか。そのしくみについて、お話ししていきましょう。

まず、魂とは何かについて、お伝えしていきます。

それぞれの肉体に宿る私たちの魂は、人々が「ワンネス」「大いなる源」、あるいは「宇宙」「神」と呼ぶところから、それぞれが「使命」を担ってやってきたものです。

魂とその源も、常に成長＝純化を望んでいます。

地球で成長することを選んだ魂は、経験を通して磨かれます。

魂には肉体がないので、誰かとハグすることも、歌うことも歩くこともできません。

だから、地球上で魂を磨くためには、実際に様々な経験をする肉体という「乗り物」が必要です。

ハイアーセルフは「高次の自己」「真の自分」ですから、ハイアーセルフとつながれば、今生《こんじょう》で魂が担っている使命を知ることも、使命を遂行《すいこう》するために必要な課題も、あるいは過去生でやり残してきた課題までも知ることができます。

また、ハイアーセルフは、使命を成し遂げるために最適な肉体と時代と環境を選びます。そして選ばれたのが、今ここにいる私たちひとりひとりです。

そんな私たちは、肉体を使って経験を積み、課題をクリアして、より純粋な魂へ向上していくことを目指します。その旅にずっと伴走し、導いてくれるのがハイアーセルフなのです。

あなたは時々、「生きる意味とは何だろう」「なぜ生まれてきたのだろう」と考えることはありませんか？　それは、自分自身が決めてきた人生の課題があることを、心のどこかで知っているからです。

ハイアーセルフは、新しい肉体に生まれ変わるたびに、この人生で何を学び、どんな成長をするのか、魂を向上させるための使命を決めます。

その使命を達成するために、私たちがあらかじめ決めてきたおおまかなカリキュラムが描かれているのが、ブループリントです。

ブループリントは人生の地図であり、設計図のようなものだと思っていただくといいでしょう。

私たちは、使命を人生で実現するためにぴったりの肉体で生まれてきています。ですから、この人生での経験を通して、自分の肉体を使い切ることがとても大事になってくるのです。

家族構成も、ブループリントのために最適なメンバーを自分自身で選んでいます。

お互いのハイアーセルフ同士が相談して、使命を達成するのにもっとも適した魂を選び、家族というチームになってこの地球にやってきたのです。もし今、どうしても対立してしまう家族がいるのなら、チームの一員として「悪役」をやってくれているのだと考えましょう。また、ある段階までの課題がクリアされた暁《あかつき》には、家族構成の変更がおこなわれる場合もあるでしょう。

ハイアーセルフとつながると、人生は楽しく生命力にあふれる

あなたがハイアーセルフとつながっているときは、使命に沿って生きています。人生は楽しく、生命力にあふれ、将来について迷うことも、自分を卑下《ひげ》して落ち込むこともありません。自尊心は高く、自分と他者を愛する能力が高まっています。

しかし、ハイアーセルフとつながれていない場合、気力が落ち、「このままでいいのかな」「こんな自分じゃダメだ」と人生の中で葛藤が多くなります。

他者の価値観や常識、あるいは、他のネガティブなエネルギーに影響されて物事を決めている状態になり、人生が混沌《こんとん》としてきます。また、常に生きづらさを感じるようになり、心だけでなく健康的にも芳《かんば》しくない状況が起こり得ます。

だから、日頃からハイアーセルフとコミュニケーションを取り、つながるパイプを太くしていけば、本当に自分が望む方向へ人生が発展していくのです。

ただし、落ち込んだり悩んだりすることが悪いわけではありません。

そういうときこそ、ハイアーセルフと対話し、人生を変えるチャンスです。「何を変えればいいだろう」「原因はどこにあるだろう」と尋ねながら、自分自身と向き合っていきましょう。

使命は、人生のテーマ、あるいは、天命という言葉に置き換えてもいいでしょう。使命を生きることとは、必ずしも特定の職業に就くこととは限りません。

ましてや、人からうらやましがられるような業績を上げることや、社会的評価の高い地位を得ることでもありません。私たちがどのように生き、どんなふうに人や社会と関わって魂を向上させていくのかということです。

私がセッションでお会いする方たちには、すでに何らかの形で、使命に沿ったことをやっている方もたくさんいらっしゃいます。

Aさん（40代男性）に初めてセッションでお会いしたとき、使命についてハイアーセルフに聞いてみると、小さな幸せをみんなに分けて歩いている映像が視えました。ちょうど大阪のおばちゃんが、ポーチから飴《あめ》を出して配っているようなイメージです。

そのままお伝えすると、「僕、わかります」とおっしゃいます。聞けば、Aさんは大手外食グループのお菓子屋さんに勤めていて、将来の夢は発展途上国の子どもたちにお菓子を配って歩くことだったのです。

それで「小さな幸せ」という言葉を聞いたときに、まさに自分がやろうとしていることだと思ったのだそうです。

あなたもすでに、使命を生き始めているかもしれませんね。

たとえ今は、その実感が持てなかったり、使命がまったくわからなかったりしても、問題ありません。ハイアーセルフとつながっていくうちに自然に気づけるようになります。

「普通」の呪縛《じゅばく》から自由になり、才能を開花させたBさん

使命を生きるとはどういうことか、Bさん（20代女性）のケースを見ていきましょう。

Bさんの悩みは、仕事が続かないことでした。「普通のことができるようになりたい」とおっしゃるBさんは、高学歴なので採用はすぐ決まるのですが、異常な緊張体質で、人見知りも災《わざわ》いし、ミスを連発。アルバイトなら続くかもと、コンビニやパン屋さんで働き始めても、「なぜ、こんな普通のことができないの?」とあきれられ、

同じ結果になるとのことでした。

ご両親から「普通」の就職をするよう厳しく育てられ、ご自身は「普通の人になりたい」と努力しているのに、ご自身の特性はお勤めに向かない。そんな状況でした。ハイアーセルフに聞いてみると、Bさんの才能は「絵を描くこと。漫画家やイラストレーター」とのことでした。

そのようにお伝えすると、「私は普通の人になりたいのです。漫画家なんて親も認めてくれないし。そもそも絵は下手です」とおっしゃいます。しかし、よくよく聞いてみると、「小学生の頃は漫画を描いていて、友だちとコミックマーケットに出展する話をしたこともありました」とのこと。

「普通の仕事を探すのはやめて、漫画の仕事をしたらどうですか」とお話ししたところ、「下手だからできません」と激しく抵抗されました。ご両親の希望とは正反対の方向ですから、無理もありません。

しかし、Bさんは、その後何度か転職しながらも、少しずつイラストや漫画を描き始めたのです。

すでに20代後半になっていたこともあり、周囲の人からは「今さらできるわけないよ」とバカにされたり、心配されたりしたそうです。ですが、地元の企業やお店から少しずつ依頼がくるようになり、今ではレギュラーの仕事を持ち、本の挿絵を何冊も担当されるまでになっていらっしゃいます。

それでも仕事が減ると「やはりお勤めした方がいいのかも」と悩んでしまうBさんですが、「〝普通〟になろうとしなくていいんです」とアドバイスしています。

小さな頃から「普通になりなさい」と言われ、ご自身も努力してきたのですから、人生の方向性をガラッと変えるのは時間がかかるかもしれません。また「これで本当にいいのかな」と迷うこともあるでしょう。

しかし、生まれ持った才能を生かすために、ハイアーセルフが道をつけてくれています。それを受け入れれば、今後Bさんの人生はもっと開けていくはずです。

宇宙とハイアーセルフと、あなたのつながりを知る

私たちとハイアーセルフ、宇宙（ワンネス）との関係について、次のページの図をご覧ください。さらに理解が深まると思います。

宇宙は、ひとつの大きな情報のクラウドです。

宇宙という言葉は、「源」「愛」「神」「ワンネス」「ソース」などと呼ばれることもあります。その宇宙にある情報は叡智《えいち》に満ちています。しかし、それは包括的《ほうかつてき》なものであり、私たち人間の日々の活動に直接関与しているわけではありません。大会社の組織図をイメージしていただくと良いかもしれません。

その宇宙と私たちをつなぐ存在が、ハイアーセルフです。

宇宙とつながっているハイアーセルフには、私たちが自己実現していくためのデータが満載です。ハイアーセルフは、私たちと個別につながり、宇宙からのサポートを

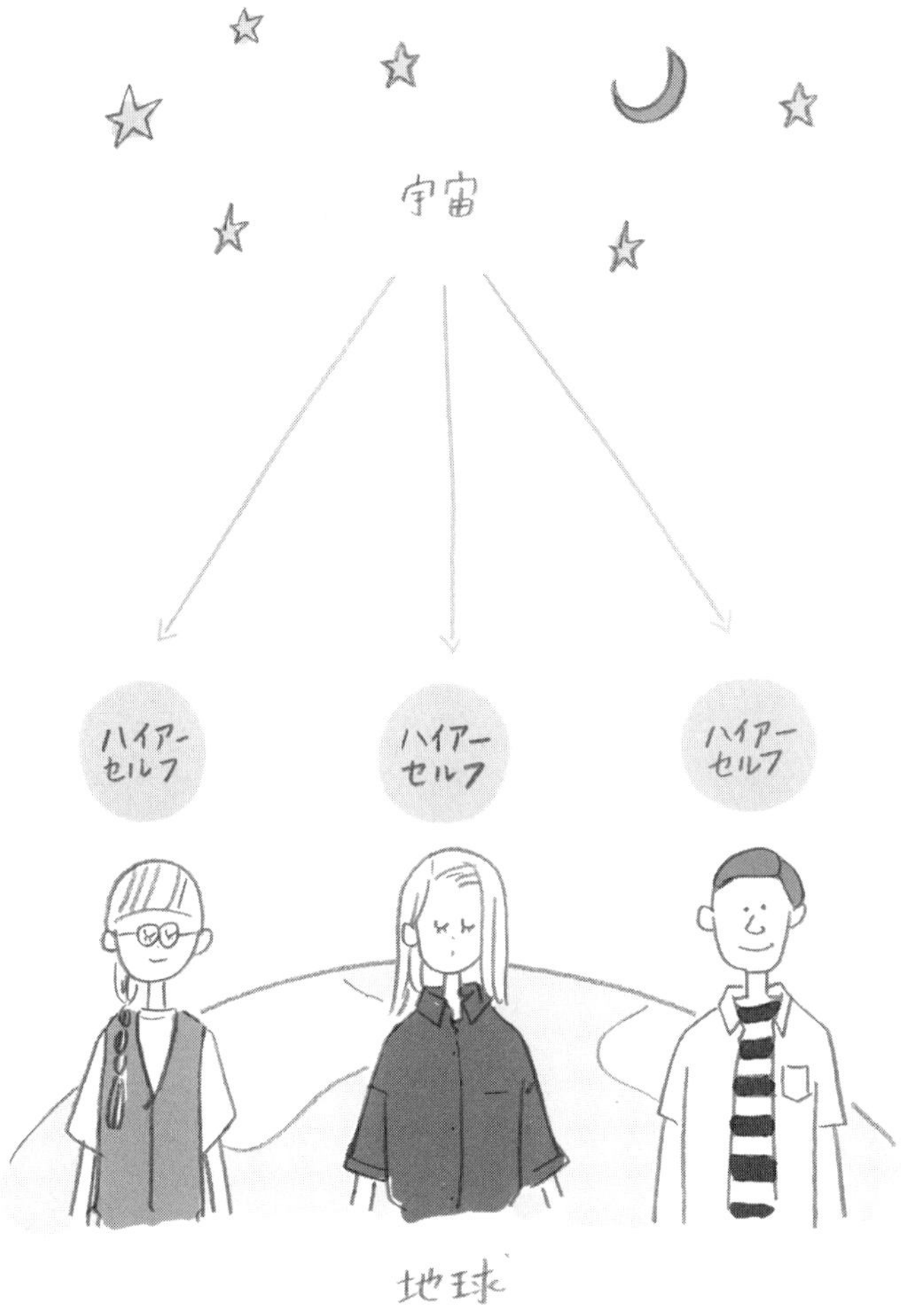
宇宙
ハイアーセルフ
ハイアーセルフ
ハイアーセルフ
地球

伝えます。

だから、ハイアーセルフにアクセスすれば、自分にとって最適で、最善のより詳細な情報を引き出すことができるのです。


じつは、宇宙そのものにも意志があり、常に成長したいと思っています。

なぜハイアーセルフが個人をサポートするかと言えば、私たち個々の魂を磨き、成長させることが、ひいては、宇宙の成長につながるからです。

地球にやって来た私たちは、一定期間この星で様々な経験を通して成長します。そして、ひとつの人生を終えて宇宙という源に帰ったとき、宇宙そのもののレベルもまた成長するのです。

器に入った水にきれいな水を足すと、その分だけ、器全体の水がきれいになりますね。それと同じように、私たちが少しでも成長し、魂を磨いて宇宙に帰ると、その分、宇宙も浄化されます。また、ハイアーセルフ自身も進化していけます。

ハイアーセルフはそのために、微に入り細をうがって、専属で私たちを助けてくれているのです。

ハイアーセルフとあなたは、対等な関係

そうやって私たちを導いてくれるのなら、ハイアーセルフに礼儀正しく接しなければいけないかというと、そうではありません。

ハイアーセルフは私たちにとって、人生の使命をともに成し遂げるパートナーですが、ハイアーセルフにとっても、私たちは宇宙の進化を達成するための大事な相棒です。むやみに崇めたり、遠慮《えんりょ》したりする必要はありません。

そもそも、霊的成長のために達成したい使命を決めて、それに適したあなたという肉体を選んだのはハイアーセルフです。つまり、ハイアーセルフにはあなたが必要なのです。

だから、**あなたがこれから本当の自分の役割に気づいて、心から満たされた人生を送るために、ハイアーセルフにしっかりしたプロデュースを求めるのは当然のこと**なのです。

また、ハイアーセルフが私たちの人生を見通し、アドバイスやサポートをしてくれ

るのは、肉体人格より少し高い次元で物事を俯瞰《ふかん》しているから、情報が多いだけであって、決して私たちより偉いわけではありません。

ハイアーセルフとの間に上下関係があるわけではなく、ただ役割が違うだけに過ぎないのです。

たとえるならハイアーセルフは、あうんの呼吸で通じ合えるお笑いコンビの相方のような存在です。「私もがんばるから、あなたもがんばって！」と、二人三脚でひとつの目標をクリアしていく間柄なのです。

ですから私は、ハイアーセルフに対して敬語は使いません。

「ちょっと、これについて教えてよ」「どうしてこうなるの？」と、いつも気軽に話しかけています。

「そんなに気安く話しかけていいんですか⁉」と驚かれますが、ハイアーセルフは自分自身なのですから、遠慮はいりません。感情的になることもないので、どんなことでもストレートに話しかけて大丈夫です。

これまで私は、願いごともたくさん聞いてもらいました。

今では笑い話ですが、開業直後でまだセッションのお申し込みが少なかった頃、ハイアーセルフに次のように言ったことがあります。

「ねぇ、今月あと3人ぐらいセッションの予約を入れてもらわないと、食費がなくなって肉体の維持がむずかしくなるかもよ。そうなったら、あなたの今生の使命は達成できないかもしれないけどいい？　それとも、他の仕事に変える？」

すると、ハイアーセルフはあわてたのか、翌日ぴったり3名のご予約を入れてくれました。

私のほうも、「わかった、この仕事でやっていくということね。私もがんばる！」と、ハイアーセルフが指示した課題を実行するという形で応えてきました。

あなたにとって本当に役立つことであれば、ハイアーセルフは様々な願いを叶えてくれます。

ただし、その願いが自分のエゴであり、人を不快にさせたり迷惑をかけることになったりするのであれば、やはり叶えてはもらえません。自分も他者も宇宙の一部だからです。**コツは、自分がハッピーになることで、周囲にもよい影響を及ぼす願いごと**

をすることです。

そんな願いなら、日常の小さなことでも遠慮せず、どんどんお願いしてみましょう。「私にとっての幸せが、皆にとっても幸せになるのなら、〇〇〇〇してください」と伝えてみてください。きっと、地球での時間をもっと楽しめるように、叶えてくれるでしょう。

守護霊とハイアーセルフはどう違う？

「ハイアーセルフは守護霊のことですか？」と質問を受けることがありますが、守護霊とハイアーセルフは別物です。守護霊は、ご先祖様や自然霊などの場合がありま す。

その場合、必ずしもあなたの自由意志を尊重して、メッセージを送ってくるとは限りません。ご先祖様が私たちを見守ってくれているのは事実ですが、純粋にあなた（子孫）の幸せや自己実現を応援しているのではなく、家やお墓を守って欲しいといった、あなたの今生の使命とは関係のない要求を伝えてくるケースもあるのです。

ですから、「守護霊」に人生を丸投げしてしまうと、自分自身の使命を生きられなくなる可能性があります。もちろん、すべてのケースがそうだというわけではありません。ただ、**「守護霊」を最優先するのは賢明ではない**という話です。

たとえば、「海外で活躍する」という使命を持って生まれたのに、守護霊の存在に意識の周波数を合わせていると「実家に帰って家を継《つ》がなければ」というメッセージを受け取って、そのように行動してしまう場合があります。

また、本当は自分の意思を貫きたいのに「少しは我慢して、兄弟で協力して家を守らなければ」「親の意見を聞かなければ」という守護霊の思いを優先して行動しまうこともあります。

すると、その声に従ったものの、ずっと自分の人生に窮屈感《きゅうくつかん》や生きづらさを覚えながら過ごさなければならなくなるのです。

脅《おど》すわけではありませんが、ご先祖様にコントロールされると、あなたの本当の主張が阻《はば》まれて「私の人生、なんだったんだろう」という一生になってしまう危険性があることは知っておいたほうがいいでしょう。

しかしハイアーセルフは、純粋にあなたの人生だけを見てガイドしてくれます。

そんなハイアーセルフとつながっていれば、思い描いてきた人生のシナリオに完璧《かんぺき》に沿う形で自分自身も行動でき、また物事も動いていきます。

ちなみに、神様や女神、精霊など私たちを導くと言われる存在がいるのも事実ですが、そのような存在は、人間や地球全体を守護する役割を担っています。「個人専属」としてあなただけを担当してくれるのは、ハイアーセルフなのです。

ハイアーセルフは毎晩、作戦会議をおこなっている

私たちが成長するプロセスを支えるため、ハイアーセルフは毎晩宇宙に帰り「作戦会議」をしています。

そこで何がおこなわれているかというと、今後の人生で私たちをどのようにサポートすればいいか話し合い、どう微調整するか方向性を探っています。

たとえば、あなたが本当はこの人生でたくさんの冒険をして、自分を鍛《きた》えようという使命を決めてきていたとします。

しかし「堅実に生きなければ」と思い込んで保守的な人生を選んでいるとしたら、作戦会議では「このままでは使命を完遂《かんすい》できないから、何かの形で教えなければ」という話になります。それで、あなたが本当のミッションに気づくまで、現実社会でのあなたはリストラされ続けることになったり、波乱に巻き込まれたりして、「やっぱり夢を追いかけよう」と考えるように誘導しようとするのです。

寝る前にネガティブなことを考えてはいけない理由

就寝前にネガティブなことを考えると、ハイアーセルフの作戦会議にダイレクトに影響するので、特に寝る直前はもんもんと悩んだり、心配事について思いを巡らせたりしないようにしましょう。

たとえば、あなたが「女優になって活躍する」という使命を持っていたとします。でもベッドで、「やっぱり私は、女優は向いていないから、あきらめたほうがいいかも」と考えていたら、ハイアーセルフは宇宙に帰り、それを伝えます。

すると、本人が女優を目指さないのなら仕方ないということになり、必要な人との出会いやチャンスが遠のきます。あるいは、あなたの人生に女優への道に戻らせる役割をする人を送り込んだりします。

いずれにしても目標達成が遅くなったり、悩みが増えたりしてしまう可能性があるのです。

もし不本意な形で同じパターンの出来事が繰り返されているとしたら、それは宇宙にいじわるされているわけでも運が悪いわけでもなく、気づくべきことが何かあるのかもしれないと考えて、ハイアーセルフに聞いてみましょう。

しかし、毎晩この作戦会議があるということは、言い換えれば、自分の選択次第で未来が変わるということです。

ハイアーセルフが決めた使命が「絶対」ではなく、私たち人間の自由意志が良くも悪くも人生に影響するのです。

感情はハイアーセルフとつながるためのシグナル

あなたが、自分のハイアーセルフとつながれているかどうかの判断材料が「感情」です。感情は、使命を生きるために神様がくれた、ひとつの指針だと思ってください。

あなたのやっていることが、ハイアーセルフの望んでいること、つまり自分が決めてきた使命と一致しているのであれば、日々、充足感を得られているでしょう。

しかし、「毎日が楽しいと思えない」「焦りや不安が消えない」「これでいいのかと心がブレる」……そんなときは、他人の価値観や世間の常識に影響されて生きているときです。

そういうときは、自分以外のものにむりやり合わせようとしているので満足感がありません。しょっちゅう、イライラしたり落ち込んだりしてしまいます。

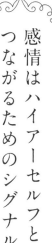

本来、自分がやるべきこと、やりたいことであれば、努力すら楽しいものです。

しかし、ハイアーセルフとつながれていないと義務感で努力しようとするので、その努力が新たな苦しみにつながります。

「ワクワクすることをやろう」とよく言われますが、自分自身の中から生まれたものでない場合、その「ワクワク」すら、自分を追い込む原因になってしまいます。

なぜかというと、ハイアーセルフとのコミュニケーションがうまくいっていないと、自分が真に望んでいるものがなかなかわからないからです。

すると、人のやっている「ワクワク」の中から答えを探そうとして、「自分の好きなことをやっているはずなのに、なぜか葛藤が消えない」という状況に陥《おちい》ります。

あなたが心から「やりたい！」と思えることは、自分自身をクリアにして掘り下げる過程でしか見つかりません。その方法がハイアーセルフとつながることなのです。

人生の巻き返しは、何歳からでもできる

もし今、感情的になることが多かったり、気持ちのブレが激しかったりしても心配

しないでください。「あ、やっちゃった！」「わあ、大失敗！」と思うことが起きたとしても、ハイアーセルフの助けを借りて自分と向き合っていけば、必ず人生はよい方向へ進んでいきます。

極端な言い方をすれば、人に迷惑をかけたり、周囲から眉《まゆ》をひそめられたりするような行動をしたとしても、挽回《ばんかい》の余地はあるのです。その人がその出来事によって気づきを得て、心を改め、自分のテーマにひたむきに取り組んでいけば、ハイアーセルフは「一生懸命がんばってるね」と応援してくれますから。

また、たとえあなたが今の仕事や環境を、他人の意見や社会的な評価で選んできたとしても、変わることはできます。そのことに気づいて、ハイアーセルフと対話していけば何歳からでも巻き返せます。

クライアントの方やセミナー受講生にも、そうやって軌道修正した方が大勢いらっしゃいます。

そのおひとりであるCさん（40代男性）は、不動産会社の営業マンから独立して、ご自身の会社を経営していましたが、リーマン・ショック後の景気後退と経営不振で、会社をたたむことを検討しているタイミングでセッションにいらっしゃいました。

お子さんは、まだこれから学費がかかる年齢とのこと。

透視の結果、ご本人のハイアーセルフは、プロダクトデザインのようなクリエイティブな活動をすることが使命だと教えてくれました。

ですから、「美的感覚をもっと生かした方が成功されるようです。営業ではなく、プロダクトデザインや建築士の方が向いています」とお話ししたのです。

すると、「じつは、プロダクトデザイナーを目指して美大を受験したのですが、落ちてしまったのです」とのこと。Cさんは、受験までは人生の使命に沿った道を進んでいたものの、そこで進路変更をしてしまったのでした。

ご本人は「他にやりたいことも見つからなかったので、当時一番勢いのあった不動産関係の仕事に就きました」とのことでした。

自分自身の内なる声よりも、世間の常識を優先したわけですが、Cさんに限らず、多くの方がこのような選択をされています。

40代のCさんが20代に戻って人生をやり直すことはできません。また、才能がクリエイター向きだとわかったところで、今までのキャリアを完全に捨ててしまうのも、もったいない話です。

こんな場合も、その方のハイアーセルフに聞いてみます。すると、絶妙な「折衷《せっちゅう》案《あん》」が提案されるのです。Cさんのハイアーセルフは、次のように言いました。

「リフォーム会社で独立しなさい。職人さんを雇《やと》い、あなたがコーディネートすればいい」

そのままお伝えしたところ、Cさんはリフォーム会社を設立し、今では10名のスタッフを抱え、大成功しています。

才能や特性を生かした仕事に早くから就くのは確かに大事です。でも、ハイアーセルフとの連携を取りながら、柔軟に考えていけば、年齢を経たとしても、それまでの経験やスキルを生かし、修正していけます。

とはいえ、そのことに気づいたとき、人生の残り時間があと数年しかなかったら、物理的にむずかしいことも多くなります。下手をすれば来世へ繰り越しになることもあるかもしれません。ですから、今すぐハイアーセルフとのコミュニケーションを始めましょう。

幸せになると決めれば、ハイアーセルフが本気になる

あなたも自分の使命に気づき、自分を愛する力と、ハイアーセルフとのつながりを取り戻してください。自分の人生を、自分で望むように創造していってください。

ハイアーセルフとつながって自分自身を生きるために、もっとも大切なことはなんでしょう？

それは、「幸せになると決めること」です。

あなたが「私は幸せになる！」と決めさえすれば、ハイアーセルフは大喜びで惜《お》しみないサポートをしてくれます。

Dさん（40代女性）は、そのように決めて、この2年で予想もしなかった変化を遂げられたクライアントです。その激変ぶりは、まさに「次元上昇」という言葉がぴっ

たりでした。

人生がグンと変わるときは、人脈や運気、オーラなど、あらゆるものが変わります。

その中で、Dさんはまず何を変えたのでしょう。

そう、「幸せになる!」と決め、設定していた「決意」を変えたのです。

しかし、私が初めてお会いした頃のDさんは、離婚後で完全に人間不信に陥り、自尊心を失っていらっしゃいました。

「どうやって生きていこう」と悩まれている状態でしたから、表情も硬く、改めて透視するまでもなく、オーラにも人生が低迷している様子が表れていました。

その状態だと、自分の価値を正しく見られないばかりでなく、人からの評価や実績も素直に受け取れません。

そこで、Dさんのハイアーセルフに聞きながら、過去の経験を丁寧にときほぐし、歪《ゆが》んだ思い込みをひとつずつ外していきました。そのプロセスでは、ときに涙されることもありましたが、Dさんは言い分けも言い逃れもせず、ハイアーセルフの声に耳を傾けてくださいました。

今思えば、それほどDさんは切羽詰まっていて、人生を変えたいと強く望んでいらっしゃったのだと思います。Dさんの強さに感服しつつ、「人生は変えられます。幸せになれますよ」とお伝えしたのを覚えています。

幸せになると決意してからのDさんは、積極的に人の中に入っていき、自ら人脈を広げていかれました。そして、事務職の派遣社員からキャリアを積み、2年後、ある公的機関のトップを補佐する事務所に転職されました。

あざやかな転身を遂げたDさんは、今いきいきと活躍していらっしゃいます。

ハイアーセルフを「お休みモード」にしないために

さて、ここまでクライアントの体験談を中心にお伝えしてきたので、「セッションを受けないと人生は変えられないのでは?」と思われたかもしれませんね。

でも、それは誤解です。私はハイアーセルフの声をそのまま通訳しているだけにすぎません。ハイアーセルフはあなた自身とつながっています。そのメッセージを、他でもないあなたが、自分で受け取れないわけがないのです。

ハイアーセルフほど信頼できる相談相手は存在しません。どんどん話しかけて絆を深めてください。

ハイアーセルフがいくらシグナルを送っても気づいてもらえないときや、あなたが自分自身ではなく他人の指示に従って生きているとき、ハイアーセルフは、あなたとつながれません。

そんなとき、ハイアーセルフはどうしていると思いますか？

もちろん、なかなか意思が通じなかったとしても、ハイアーセルフが私たちを見捨てることはありません。

しかし、人生の使命に取り組もうとしなかったり、長い間自暴自棄《じぼうじき》に陥ったりしていると、「この肉体とはつながりにくくて、今生の使命は達成できそうにないな……」と考え、あきらめてしまう場合があるのです。

そんなとき、ハイアーセルフは「何が何でも、この人生で課題を達成しなきゃいけないわけでもないしなあ。使命を生きるのは来世でいいや」「なかなかつながろうとしてくれないなあ。課題は来世に持ち越しだ」と、お休みモードに入ってしまいます。

すると、この人生で自分の使命を達成できないだけでなく、万が一、人生を途中で放棄《ほうき》するようなことがあれば、生まれ変わってまた同じ課題に取り組まなければなりません。

そうなるくらいであれば、この人生でしっかりやりきった方が賢明です。

もしあなたのハイアーセルフが休憩していたとしても、こちらからアプローチすれば喜んでまたつながってくれます。

大切なのは、まず自分の人生をどうしたいかを、あなた自身が決めることです。

そして、ハイアーセルフを本気にさせることです。

自分を幸せにすると決めましょう。そう決めれば、あきらめモードでお昼寝中のハイアーセルフが必ず起きてくれるでしょう。

ハイアーセルフとつながると、未来は自然に開ける

このようにお話ししている私自身も、今でこそ「強い人」と言われることが増えま

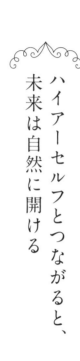

したが、20代までは人生の荒波にもまれて四苦八苦していました。

もともと私がなぜ、スピリチュアルや精神世界と呼ばれる分野に深く傾倒《けいとう》するようになったかというと、「自分はなぜ生まれてきたのだろう」という問いの答えをずっと探していたから、と言っても過言ではありません。

これは、私の生い立ちに関係があります。

少し長くなりますが、透視について学ぶ上で参考にしていただけると思うのでしばらくおつきあいください。

話は子ども時代にさかのぼります。

私の父はいわゆるDVで母をよく殴《なぐ》っていました。機嫌が悪いと決まって暴力が出るので、幼い私は父が帰宅する前から「今日の機嫌はどうかな」と感覚を研《と》ぎ澄《す》ませ、キャッチするのが習慣となっていました。今思えば、それも立派な「透視」でした。

私は当時から不思議な能力があり、小学生の頃は休み時間になると、私の「人生相談」を受けるために行列ができるほどでしたから、スピリチュアルな感性は高かったのです。

父が不機嫌だとわかると、母に「今日のお父さんは機嫌が悪いから、静かにしたほうがいいよ」と伝えるのですが、取り合ってくれません。

父は子どもたちに暴力をふるうことはありませんでしたが、母への暴力を止めに入ると私も巻き添えになり、時々ケガをして登校するのでした。

ところが、一緒に暮らす兄はそんな状況がまったく気にならないようで、さして広い家でもないのに、両親が大げんかしていても平気で寝ているのです。日々同じ光景を目にしているのに、この差はなんだろうと不思議でなりませんでした。

また、家族の中で私だけが教会に行きたがったり、ひとりだけ夜中にずっと起きていたりするなど疎外感《そがいかん》があり、生きづらさを感じる子ども時代でした。小学生の頃から、自分の悩みごとはタロットなどで占うだけで、大人に相談はせず、親戚《しんせき》に会社員か公務員しかいない家系だったので、浮いている子どもだったと思います。

中学3年生になったときです。母が恋人と家出しました。兄はすでに独立し、父は単身赴任していたので、私は祖母と暮らすようになりました。

母を一生懸命かばってきたのに……というわだかまりを抱えた私は、くだんの「自分はなぜ生まれてきたのだろう」という疑問をますます強めていきました。

幼い頃から、心理学や哲学に興味を持ち、様々な本を読みあさってきましたが、納得できる答えには出会えませんでした。兄とは、同じ親から生まれ、同じ環境で育ったのにこんなに違うのですから、生育歴が人格に影響を与えるという心理学の説明は腑《ふ》に落《お》ちなかったのです。

人生を変えた透視との出会い

そんな私に明快な答えを提示してくれたのが、スピリチュアルな考え方です。

好きかどうかよりも、「自分に向いていそうだ」という理由で選んだ職業であるグラフィックデザイナーとして働いていた30代、両親の死期をそれぞれ予知するという経験をした頃、ちょうどスピリチュアルブームが訪れました。当時の私は体調も悪く、自分と他人を比べては落ち込み、「これでいいのだろうか」と考えていた矢先のことでした。

そこで多くの情報に触れるうちに、生きていく上で、スピリチュアルな視点が非常に合理的だと気づきました。そして、ずっと解けなかった問いの答えがそこにあるとわかったのです。

これまでお話ししてきたように、私たちはひとりひとり違った使命を持って生まれてきていること。この人生で自分が決めてきた課題をクリアし、成長して天に帰り、生まれ変わってまた新たな使命を生きること。ハイアーセルフや様々な存在が私たちの人生をサポートしていること……。

そういった情報に触れて、語弊《ごへい》があるかもしれませんが「なんと便利な考え方だろう」と驚きました。そして、生きるのがとても楽になり、能動的に動けるようになりました。同時に、自分のスピリチュアルな能力が仕事につながるのだと気づき、透視の勉強を始めたのです。


透視を学び始めた私は、先生からの評価も自分に才能があるかどうかも、いっさい気になりませんでした。透視そのものが楽しくて仕方がないので、能力の有無や、人の評価はまったく関係なかったのです。グラフィックデザイナー時代は、常に結果を追い求めて自分を追い込む毎日だったので、考えられない現象でした。

さらに、透視リーダーとして独立するときも、高収入を得ていたグラフィックデザイナーという安定した職を辞め、社会的な評価の定まらない仕事に就くことにみじんも迷いを感じませんでした。

周りから「本当に辞めていいの？」「なぜそんな仕事を始めるの？」とも言われましたが、生活の不安よりも、自分の人生にやっと訪れた「楽しいこと」を思う存分自分自身に経験させてあげたかったのです。透視を学ぶ時間を最優先にするために、経済的にゆとりのないアルバイト生活を選んでいるときも、焦る気持ちは不思議なほど感じませんでした。

ハイアーセルフとともに、思い描く未来を創る

長々と書きましたが、もちろん不幸自慢をしたいわけではありません。

どんな経験をしても、今どんな状況であっても、人生は自分で決められるとお伝え

したいのです。

ハイアーセルフとつながり、自分自身の道を歩いていけば、どんなことが起きてもブレずにやるべきことを淡々《たんたん》とやっていけます。結果としてすぐに大きな成功や実績という形で表れなくても、日々地に足をつけ、他人には苦労に映っても、本人は歓《よろこ》びとして生きていけます。

しかし、つらい体験をしたり厳しい環境にいたりしたら、「こんなにハードな環境なのだから」「あれほど悪いことが起きたのだから」クヨクヨするのも当然と、前向きに生きることをあきらめてしまうケースも少なくありません。

また、周囲も「大変だったね」「仕方ないよ」と、そのレベルでとどまることを認めてしまいがちです。

そうすると、どうなるでしょうか。「みじめな自分」を受け入れ続けてしまうことになります。運命論に逃げて、不運の中で折り合いをつけて生きていこうとしてしまいます。そのうちに感覚が麻痺《まひ》して、「不幸慣れ」してしまうのです。

肉体を持った私たちは、転生を繰り返すたびに、肉体が死を体験する瞬間の記憶が

DNAに引き継がれているために、ネガティブな方向に考えがちな性質を持っています。ですから、どうしても「不幸慣れ」しやすい傾向があります。

しかし、「私の人生、不幸や不運ばっかり」と色づけしてしまったら、その通りの現実が創られます。

すべては学びであり、ひとつの経験です。幸せも不幸せも、自分自身でラベル付けしているだけに過ぎません。

私自身の過去も、今では「不幸」ではなく「ギフト」だったと思っています。あの家族と経験は、今の使命にいたるのに必要な筋トレだったのです。


「みじめな自分」や「かわいそうな自分」「ダメな自分」を受け入れる前に、ハイアーセルフの声に耳を澄ませてみてください。


私は困ったときに「この状況、嫌なんだけど、どうにかしてよ!」とハイアーセルフに注文をつけます。「このくらい仕方ないかな」と思ってしまう自分に「NO!」と言い、「嫌な状況を受け入れない私」を奮《ふる》い起《お》こすのです。

するとハイアーセルフは必ず、なぜその体験が起きているのかを示し、その嫌な状況から学ぶ必要のあったことや解決策を教えてくれます。

ただし、成功したり結果を出したりしなければ、透視をする意味がないのかというと、そうではありません。

ハイアーセルフが望んでいるのは、魂の成長です。

また、私たちもそれを望んでこの地球に生まれてきました。

大切なのは、そのために生きることであって、成功するかどうかはあくまでも「付属品」でしかありません。

もちろん、使命を達成していく上では、結果を出すことが必要となる場合がありま す。その上でも透視は、自分が望む結果を得るために頼りになるスキルです。

しかし、繰り返しますが、**結果だけを追い求めるのは本末転倒**なのです。

人生の使命に沿った道だったら、成長していくことがただ楽しいので、たとえ今生で望む結果が得られなくても、不幸な人生だとは思わないはずです。

私自身も「独立したのは、成功する確証があったからですか?」とよく聞かれるのですが、将来の成否は考えもしませんでした。ただ、純粋に「やりたい」「楽しい」

という感覚に従った結果、自分自身が満足でき、私を必要としてくださる方のお役に立つこともできる今の状況を創ることができたのです。

ハイアーセルフは、願いを叶えてくれる

ハイアーセルフとつながっていくと、精神面だけでなく、経済的な面でも安心感が生まれます。本当に自分の心に沿ったことであれば、ハイアーセルフが金銭的にもサポートしてくれるからです。

私がスピリチュアルな能力を磨くために使った学費も、ハイアーセルフにお願いして調達してもらいました。当時は高収入だったグラフィックデザイナーの仕事を辞めており、貯金と限られたバイト収入から学費を出していたので、何度となく、「学費を準備するのがむずかしそうだな……」と思う場面があったのです。そんなとき、私がハイアーセルフに話しかけた言葉はシンプルです。

「〇〇〇〇（取得したい資格や講座名）が私に必要で、人のためになるのなら、資金を用意して欲しい」

このように願って、望んだ額が用意されなかったことはありません。

そうした学びが私にとって必要だと、ハイアーセルフは判断したのでしょう。同時に、それが人のために役立つことなので、今の仕事につなげてこられたのだと思っています。

とはいえ、「たまたま臨時収入が重なっただけじゃないの?」「ハイアーセルフのおかげとは限らないのでは?」と、思われるかもしれません。

ではなぜ、やってきたお金が「ハイアーセルフにお願いした学費」とわかるのかというと、ちょうど受講料の支払い期限までに用意されたのはもちろん、集まる金額が、あまりにも毎回必要な受講料とぴったりだったからです。

「この講座を受講することは、私に必要で、人のためになる?」

と聞いてから、わずか2時間足らずで、受講料分のセッションのご予約が続けざまに入ったことがあります。

現在の私でもそんなペースでご予約いただくのはまれですから、ハイアーセルフに確認するまでもなく、受講料として用意してくれたのだとすぐにわかりました。

調達ルートは、ハイアーセルフにまかせれば大丈夫です。

自己投資としてやりたいことがあるなら、「私に必要で、人のためになるのなら、資金を用意して欲しい」と、まずはお願いしてみてください。

上手に資金を引き寄せるためのポイントを3つご紹介しておきます。

①普段から話しかけ、ハイアーセルフと良好な関係を築く
②ハイアーセルフが用意してくれたお金を他のことに使わない
（ハイアーセルフとの信頼関係を裏切らないようにすることが大切です）
③瞑想する（レッスン3で詳しくご紹介します）

ハイアーセルフの采配《さいはい》を邪魔するのは、「手に入るとすれば、この方法のはず」「ダメだったらどうしよう」といった思い込みや怖れのエネルギーです。瞑想すると、そのような否定的なエネルギーが浄化されていくので、あとからお伝えする瞑想にぜひ取り組んでみてください。

特に、自己投資のためにハイアーセルフに協力してもらうのはおすすめです。

資金調達できるだけでなく、ハイアーセルフが、あなたに対してこの人生でどんな才能を発揮して、どんな使命に取り組んで欲しいのかを確認することにもつながります。

さらには、ハイアーセルフとあなたが協力しながらその才能を磨き、使命を達成していく自覚を高めることで、お互いの信頼を深めることにもつながるでしょう。

ハイアーセルフとつながり、的確な答えを受け取るために不可欠なプロセスが「オーラの浄化」です。

オーラの中に自分以外のエネルギーや価値観が混在していると、ハイアーセルフとつながれない原因となるだけでなく、透視にも大きな影響を与えてしまいます。ですから、オーラを浄化することがとても大事になってくるのです。

私たちの人生とオーラがどのような関係にあるのか、さっそく、レッスン２で学んでいきましょう。

Lesson

2

オーラの状態で、視え方が変わる

オーラを視れば、人生がわかる

「まるで、私の人生を見ていたかのようにわかるのですね」

これは、初めてお会いするお客様とのセッションでよく言われる言葉です。

透視リーダーは、お客様の使命、才能、趣味・嗜好《しこう》、人間関係、トラウマ、感情、過去や未来に起こり得る出来事など、ありとあらゆることがわかります。また、お客様と関係のある故人のメッセージを伝えることもあります。

どんなにゴージャスなスーツをお召しになっていても、実際は借金苦であれば「大変そうだな」と思います。笑顔を浮かべていても、心に怒りを抱えていらっしゃる方がお部屋に入ってくれば、「どうしたのだろう？」と思います。

もしお客様が、夢に向かって日々努力しているのなら、そうおっしゃらなくても、「毎日がんばっていらっしゃるのだな」と感動します。

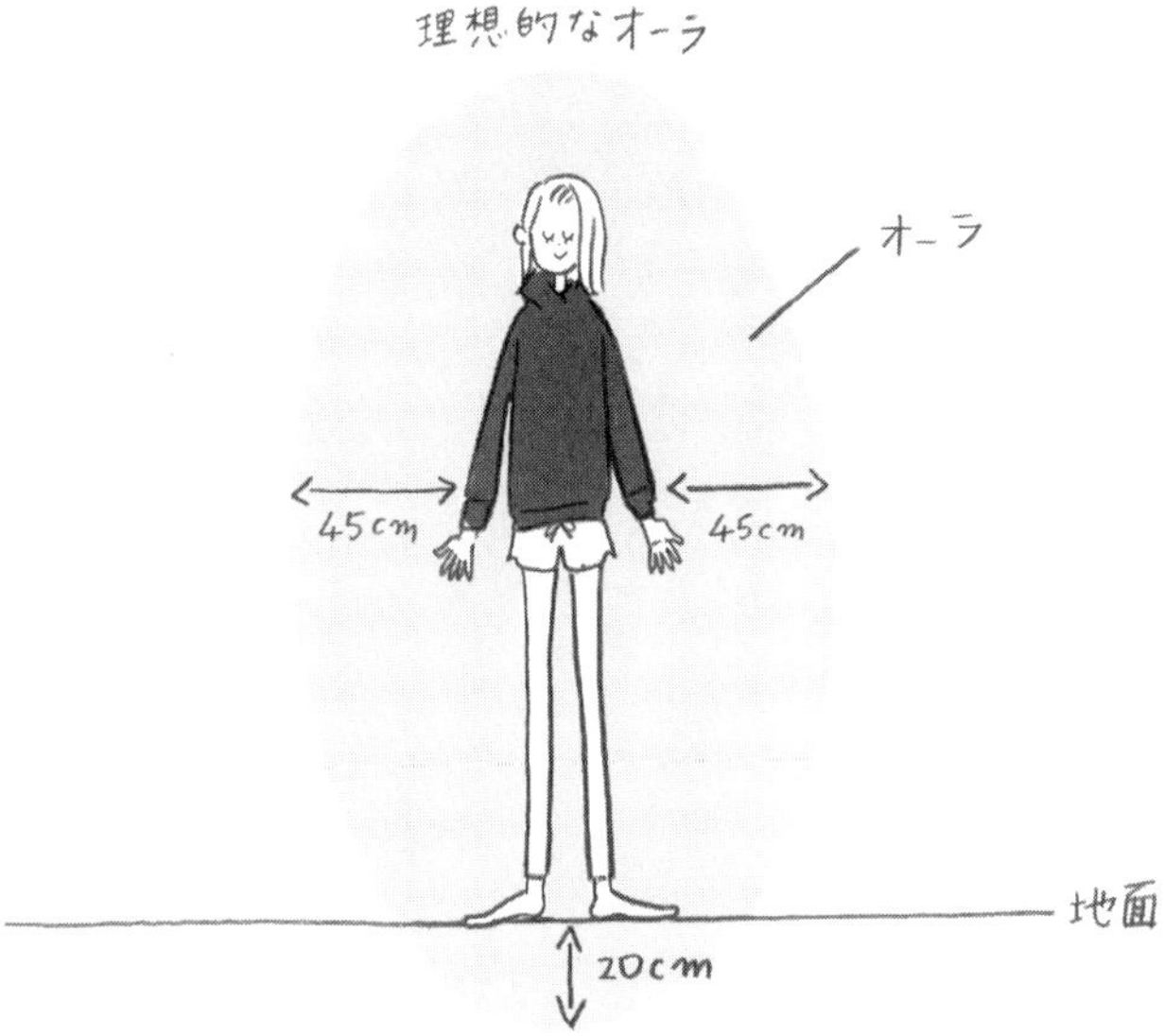

透視リーダーは、なぜ、そんなことができるのでしょう？

それは、肉体ではなく「オーラ」を視ているからです。

「オーラは人生の書」と言われるだけあって、人生をありのままに表します。ですからオーラを視れば、過去生も含めたお客様の人生を知ることができるのです。

では、オーラとは具体的にどんなものでしょう。

オーラは、人の周りを卵形に取り巻くエネルギーフィールドです。そのサイズは肉体を中心にして前後左右45センチほどが理想的です。両肘《りょうひじ》を体側《たいそく》につけ、肘を90度に曲げて手を広げた状態くらいの幅と思ってください。

理想的なオーラの基本は、まず自分で100％管理できていることです。つまり、他者のエネルギーが入ることなく、自分自身のエネルギーで常に満たされているということです。

オーラを管理するという考え方には、あまりなじみがないかもしれませんね。

しかし、私たちのオーラには、他者のエネルギーが介入している場合がじつは多々あるのです。そう言うと、少しギョッとされるかもしれませんが、今、多くの人が自分のエネルギーだけでオーラを満たすことがむずかしくなっています。親や教師、政府やマスコミ、インターネット、周囲の人間関係の価値観などが、エネルギーとして否応なく入ってくるからです。

他者のエネルギーがオーラに入ったままだと、人の意見に左右されたり、自分とはまったく関係ない出来事に振り回されたりして、自分の使命を生きるのがむずかしくなってしまいます。

ですから、意識的にオーラを管理する必要があるのです。そして、半径45センチ程度の大きさが、もっとも自分自身で管理しやすく、安定したエネルギーの密度を保てるのです。

存在感のある人に対して、「オーラが大きい」というほめ言葉が使われることがありますが、正確には「エネルギーの強さ」を、オーラの大きさとして感じているのでしょう。

実際に、オーラのサイズが大きすぎると密度が薄くなり、他者のエネルギーが混ざる（侵入する）可能性も高まるので、望ましい状態とは言えません。

他者と自分の幸せは違います。人生を望むものにしたいのなら、自分がオーラの中に何を持ち込んでいるのか、自分自身で知っていることが重要です。

そして、自分のオーラに何を入れるのか、自分で選択していかなければなりません。のちほど詳しくお伝えしますが、透視を使えば自分のオーラを視て、望む状態に整えることができます。

オーラが自分のエネルギーで100％満たされれば満たされるほど、才能が開花し、この人生でやるべきことに気づきやすくなります。それが、地球上でもっともスムーズに自己実現できるようになる方法と言えるでしょう。

オーラの状態は体調とも直結する

オーラにあるエネルギーが、健康状態に影響を与えていることもよくあります。

あるとき、セッションにいらっしゃったEさん（30代女性）が、「2週間くらい前から首が痛いんです」とおっしゃるので透視してみました。

すると、ある女性がEさんの動向を知りたがってイライラしている様子がオーラの中に視えました。

Eさんにお伝えすると、「私の動向を知りたがる人なんていないですよ（笑）」とおっしゃいます。「そうですか」とお答えし、ヒーリングしたところ、数日後、Eさんからご連絡がありました。

「首の痛みの原因になっていた女の人は、新規のお客様でした！」

Eさんは化粧品の販売代理店を営んでいらっしゃるのですが、営業で外に出ていて事務所はご不在のことも多く、商品を購入したかったそのお客様はイライラして何度も連絡していたのだそうです。

しびれを切らして、「あのオフィスは、いつ行っても人がいないけれど、どうなっているの？」と本社にクレームを入れ、ようやくEさんに伝わったとのことでした。「セッションのときは気づかなかったけれど、確かに〝私の動向を気にしている人〟がいましたね！」と、Eさんは興奮気味に話されていました。

問題の原因がわからないとき、人は「怖れ」を抱きます。「怖れ」があるうちは、ただもんもんとするだけで、同じところを旋回《せんかい》している状態です。しかし、透視によって原因を探ることができれば、「行動」に移れます。行動できるということは、「改善・解決に向かう」ことであり、「怖れ」は遠のいていきます。問題を前にして無力だった状態から抜け出し、自分のパワーと人生を取り戻していけるのです。Eさんも、もしご自身で透視できれば、問題解決の手がかりをつかめたかもしれません。

このような突発的な問題だけでなく、いくら改善しようとしても繰り返してしまう問題（失恋・失業・事故・病・悪癖など）の原因を探し出すことも、透視なら可能です。原因究明に成功すれば、それ以上トラウマを増幅することなく、改善の道に移ることができます。その後の人生では、望むものが手に入りやすくなるでしょう。

透視リーダーは、オーラの中の何を視ているか

透視リーダーがお客様を透視するときには、オーラの中に点在しているホログラムのような画像を読み取ります。映画のワンシーンのような画像が透けて視えるので、そこから情報を得ているのです。

それらの画像は、つい最近のものもあれば、過去や過去生からのものの、未来のものもあります。また、他者の画像がある場合もあり、様々な画像が重なって視えている状態です。

それらの画像は強いエネルギーを保持しているので、透視リーダーでなくても、多くの人が相手のオーラの情報を、無意識に読み取っています。

たとえば、相手を見て、「なんか怒っている⁉」「苦労人に見えるなあ」「彼女は結婚が近いかも」などと感じることが、あなたにもあるのではないでしょうか。

それは、オーラを透視していると言えるのです。

透視力は、オーラの状態で決まる

では、「透視力が高い」とは、どういう状態だと思いますか？

それは、透視する側（透視リーダー側）のオーラがクリアであることを意味します。

といわれてもピンとこないかもしれませんね。

どういうことかというと、透視リーダーの周りには、当然、透視リーダーのオーラがあります。つまり透視する側は、自分自身のオーラを通して、他者のオーラを視ることになるのです。

ちょっと想像してみてください。家の窓ガラスが汚れたままで、外の世界がクリアに見えるでしょうか。

この本では他者を透視する方法はお伝えしないので、透視のしくみを理解するための参考としてお話ししますが、自分自身のオーラを浄化しきれていない状態で他人を透視すると、自分のオーラにある情報も合わせて視えてしまうことになります。

つまり、曇った眼鏡をかけて観察しているような状態になるのです。すると、もし自分が家族との間に葛藤を抱えていたり、何かに対してコンプレックスを持ったりしていたら、それがクライアントの問題として視えてしまう場合もあるのです。

自分自身を透視する際も、オーラを浄化して、常にクリアなオーラを保つことが不可欠です。そうやって、いつもオーラの中を100％クリアで怖れのない自分だけのエネルギーで満たすことができれば、人生が充実し、最大限の能力を発揮していけるようになります。

オーラは忠実に「未来」を映す

オーラをクリアにして透視することができれば、そこにはリアルな「未来」が映し出されます。クライアントとのエピソードをご紹介しましょう。

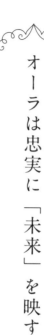

Fさん（20代男性）のご相談内容は、就職先についてでした。

オーラの中に、Fさんのユニフォーム姿が視えたので、透視した画像をそのまま描写し、お伝えしました。

後日、「無事に○○（透視で視た会社）に就職できました！」と、ご報告のメールをくださり、ユニフォーム姿のお写真まで添付してくださいました。

写真を拝見し、私は「あれ!?」と思いました。帽子は私が視たものと同じでしたが、ジャケットの色が違ったのです。

私は、基本的にセッションの内容は忘れるようにしています。しかし、その画像は注意深く何度も確認したので、よく覚えていました。Fさんの会社では配属先の部署によってユニフォームが違うので、重要なポイントだったからです。

そこで、違う情報をお伝えしてしまったのかと心配になり「でも……、私が視たのは、上着が白いユニフォームなんです」と申し上げると、「あぁ、それは夏服ですね！」と言っていただき、一安心しました。

セッションの際には、「未来のFさんの画像には真っ青な空が広がっている」という内容もお伝えしていましたが、写真にはその通りの青空が写っていました。

このように、透視では、事前情報がない未来の画像を視ることもあります。既成概念に捉われない透視ならではの面白さです。

オーラが教えてくれる人生の可能性

ただし、私のセッションでは基本的に「未来予測」はしていません。

また、「私の夢は叶いますか?」と聞かれても、「はい」や「いいえ」だけでお答えすることは避けています。

そのかわり、「望む人生をどのようにすれば手に入れることができるのか?」をリーディングしています。

それは、お客様の自由意志を尊重しているからだけでなく、レッスン1でも申し上げた通り、人生においては結果よりも、魂の成長のためにどんな経験を重ねるかの方が重要だからです。

Fさんのセッションで視えたあの画像は、それまでの就職活動で、ご自身の成長のためにやれるだけのことを十分やっていらしたので、ハイアーセルフからFさんへのサービスショットだったと思われます。

誰でも、自分の人生は自分で創造する力がある。

このように書くと、「いやいや、現実はそう簡単にはいかないよ」「無謀《むぼう》な夢を描かないのが大人だ」などとおっしゃる方もいるでしょう。

私も、自分の人生経験だけであれば、「〝私の場合は〟叶いました」と、限定的な書き方しかできなかったかもしれません。

しかし、セッションをさせていただけばいただくほど、誰でも願望成就できるのだと思うようになりました。

数多い実例の中から、2つご紹介しましょう。

Gさん(30代男性)の透視では、ヨーロッパの大学が視えました。オーラの中に視える庭と校舎の様子を描写してお伝えすると、「それは、僕がMBAを取りたいと密かに思っていたイギリスの大学ですね」とおっしゃいました。

当時のGさんは、誰もがうらやむようなエリート商社にお勤めでした。そのまま勤め続けたら、まず将来を心配する必要のない安定企業です。

しかし彼は、そのセッションを機に、安定した将来を手放す決断をされました。一度は封印した夢を叶えるために猛勉強して、あっという間に留学し、次のキャリアへとステップアップしていかれたのです。

Hさん（50代女性）の場合は、セッションの最中に、Hさんのハイアーセルフが「英語が才能」と教えてくれました。

そして次の瞬間、オーラの中に、大きな外国人男性2人の間に正装したHさんがはさまれ、談笑している画像が視えました。

ハイアーセルフの言葉と視えた画像をお伝えして「通訳になりたいと思ったことはありますか？」と尋ねると、Hさんはとても驚いたご様子でした。そして、「結婚前に英語を使った仕事をしたいと思っていました」と、目を輝かせて教えてくださいました。

リピーターとしてセッションに通ってくださっているHさんでしたが、それまで、ご家族や人間関係の話がメインで、使命や天職についてお話ししたことはありません。ハイアーセルフの突然の指示に、2人とも非常に驚きました。

しかし、その後のHさんの行動もやはり素早いものでした。

子育てが終わっていたHさんは、厳しいことで有名な通訳の学校に通い始め、見事、通訳案内士の国家資格を最短で取得されたのです。今では、外国のＶＩＰから指名されるほどのご活躍です。

自分では気づかないうちに、自分の本当の夢を押し殺していたり、人生の使命を忘れたりしていても、オーラにはきちんと表れています。

GさんやHさんのように、透視によってそれに気づいた大勢の方たちが、あれよあれよという間に人生を変え、願いを叶えていかれました。

このように、皆さんがいきいきと夢を叶えていかれる姿を通して、私は「人は、叶う夢を思い描く」と信じざるを得なくなったのです。

オーラの状況が人生を創る

今、目の前にある現実は、私たちのオーラをそのまま投影しています。

あなたのオーラが強く、生命力にあふれたものであれば、外側に表れる人生もまたパワフルで情熱的なものとなるでしょう。

「思考は現実化する」と言いますが、そのからくりは、オーラの中にあることが外側に投影されるということです。つまり、自分自身のエネルギー状態がリアルな世界に反映されるのです。

先日、そのことに改めて気づいた出来事がありました。

年末で、多忙なスケジュールの合間を縫って打ち合わせを済ませ、ひと休みしようと喫茶店に入ったときのことです。あいにく満席で順番待ちの椅子に座りました。しばらく待って、ようやく私の番になったとき、ちょうどエレベーターから2人連れのお客さんが降りてきました。すると店員さんは、私ではなく、その2人連れを「こちらへどうぞ」と案内したのです。

あわてて声をかけ、無事店内に入り、なぜ見落とされたのか、さっそく自分のオーラの状態を透視してみました。

そうすると、自分のオーラが「今ここ」になく、先ほどまでいた打ち合わせ場所に置き去りになっていたとわかったのです。また、体も疲れていたのでエネルギーレベルが低く、ハイアーセルフとのつながりも弱くなっていました。

普段の私は、大柄ではないのに目立つほうです。他の人の講座やセミナーで会場の後方に座っていても質問コーナーで指名されたり、あとから「オーラがあるので目立っていました」と言われたりすることがよくあります。

しかし、オーラがこんな状態では、店員さんも見落とすわけだと納得し、後からご紹介するグラウンディング（129ページ）と、オーラを調整するワークをおこなうと、その後は、メニューを心に決めたとたんに、タイミングよくオーダーを取りにきてくれ、会計時に待たされることもありませんでした。

不本意な出来事が起きたら、オーラに原因があると考える

あなたは意識していないかもしれませんが、私たち人間は、相手のオーラの中にある画像から無意識に読み取った情報通りに、その人を扱います。

たとえば、相手のオーラの中に自分を大事にしている画像があれば、他者は「この人には大事に接しなくてはいけないのだな」と思い、その人を尊重します。

逆に、自分をないがしろにしている画像を無意識に読み取ったとしたら、「この人

は大事に接しなくていいみたいだな」となり、ぞんざいな扱いをします。自分に対して「バカだな」「ダメだな」と言っていると、外側から見たら、「この人はそう言って欲しいんだな」ということになるのです。

不本意な出来事が起きたり、人の言動によって感情が揺れたりしたとき、私たちは「外側」に原因を求めます。「あの人が思い通りに動いてくれないからだ」「この問題さえ解決すればすべてうまくいくのに」と、つい考えがちです。

しかし、そんなときにまず確認して欲しいのは、自分自身のオーラの状態です。たとえば、誰かからバカにされたとしたら、オーラの中に、自尊心が傷ついた過去の出来事が残っていて、相手は無意識でそのエネルギーに反応して、同じ扱いをしたに過ぎないかもしれません。あるいは、あなたの中に「自分には価値がない」という思い込みのエネルギーがあるのかもしれません。

相手は、あなたにそのことを気づかせるために、ハイアーセルフ同士が相談して、相手が「悪役」をやってくれているだけということが往々《おうおう》にしてあるのです。

たとえは悪いのですが、ひどいケンカ別れをした元カレとのことばかり思い出してしまう人は、「元カレ」という手放してしかるべき不要なエネルギーが、画像としてオーラの中に入っている状態です。

そうすると、望んでいないはずなのに、元カレと似たような人を好きになり、また同じようなつらい恋愛をすることになりかねません。

あなたのオーラに元カレがいる限り、そのエネルギーが周囲に発信されてしまいます。すると、人から見ても「ああいう人が好きなんだ」と映り、同じようなタイプの男性が引き寄せられてしまうのです。

特に、トラウマとなったような強いエネルギーを放つ画像を持っていると、同じことが繰り返し現実化されます。それは、トラウマのエネルギーを解消するまで続くので、画像の上にまた似たような画像が重なって、さらに強いエネルギーを保持してしまうのです。

オーラの中のエネルギーが反応して、感情が揺れたり不快なことが起きたりすることを、私たち透視リーダーは「画像が光る」と表現します。

ちょっと面白い例ですが、私の父は「ケチ」という言葉になぜか激怒し、母がそう言うと、いつもケンカの種になっていました。このとき、父のオーラの中にある画像が反応して、光っていたのでしょう。

イラッとすることや心がザワザワすることがあったら、外側に原因を探すのではなく、「自分のオーラの中に何があるのだろう」と反応した画像を探してみましょう。

するとオーラの中で、他人を責める気持ちや自分を卑下する気持ちが渦巻いていることに気づくかもしれません。気づけば浄化して取り除くことができます（109ページ）。

オーラがきれいな状態であれば、心は乱れない

しかし、オーラの中にネガティブな怖れの画像がまったくなければ、何が起きたとしても悠然としていられます。ブッダがこんなエピソードを残しています。

あるとき、ひとりの男がブッダを待ち伏せして、公衆の面前でののしり始めたのだそうです。ブッダは、ただ黙って男の悪態を聞いていました。

どんな罵詈《ばり》雑言《ぞうごん》をぶつけてもブッダが平然としているので、男は疲れて座り込んでしまいました。その男に、ブッダはこう話しかけたのです。

「贈り物をしようとした相手が、もし受け取らなかったら、その贈り物は誰のものに

なるだろうか?」

男は「贈り物をしようとした本人に決まってるだろう!」と答えて、ハッとしました。ブッダに向けた言葉はすべて自分に返ってくると気づいたのでした。

ブッダがなぜ平然としていられたか、もうおわかりでしょう。

彼のオーラには、男の悪態に反応する画像がまったくなかったのです。

たとえば、体重を気にしている人に「太ったね」と言うと落ち込むのは目に見えていますが、ガリガリにやせている人に同じことを言っても、「そう?」で終わりでしょう。

自覚(原因)があるから傷ついたり怒ったりするだけで、その原因を自分のオーラから外してしまえばいいだけなのです。

オーラをきちんと浄化していないと、本人は「自分の直感(ハイアーセルフの声)だ」と思っても、じつは、自分以外のエネルギーを読み取って、そう思い込んでしまっている場合もあります。

では、直感やひらめきが本当にハイアーセルフの声なのか、自信が持てない場合はどうしたらいいでしょう。

その見分け方は簡単です。**本当の自分、ハイアーセルフの声なら、何度打ち消してもまた浮かんできます。**消そうとしても消えないのが、本来の直感、すなわちハイアーセルフの声です。

直感を大事にするには、モヤモヤを見逃さないこと

自分の中から生まれた直感を信じると、物事は最終的にベストなところに収まります。

改めてそれを感じたのは、現在のオフィスの引っ越しをしたときのことでした。

以前のオフィスに不満はなかったのですが、あるとき、ふと「新しいオフィスに引っ越ししよう」という気持ちが湧いたのです。さっそく物件を探すと、家賃も立地も条件に合うオフィスが見つかりました。

しかし内見したところ、「ここに引っ越したい！」という気持ちは湧いてきません。

頭で考えれば、条件的には文句のつけようがないのですが、なぜか心がスッキリし

ないのです。

日頃から私は、このようなモヤモヤ感を見過ごさないようにしています。そのモヤモヤは、ハイアーセルフの声なので、ごまかそうとしても消えるものではないからです。また、その声を聞かないのは、ハイアーセルフとのつながりを無視することになってしまいます。

ですから、しばらく様子を見ようと、その部屋の申し込みを保留にしたまま、新たな物件を探すことにしました。そういった場合は現実も動かないものです。保留の物件は、先に居た住人の退去が遅れてペンディングが続く状態でした。

私は、ハイアーセルフに、「このモヤモヤは何?」「引っ越す気になったのに、ピンと来る物件がないのはなぜ?」と聞いてみました。

数日後、リピーターの不動産会社の社長さんがセッションに来られました。セッション終了後の雑談の中で、なにげなく思いつきで「事務所を引っ越したいと思っているんです」とお話ししたところ、いい物件があると、現在のオフィスを紹介してくださったのです。

現在のオフィスは、予算より高い物件でしたが、環境も立地もよく、お客様にも好評で、心地よくセッションを受けていただける条件が整っています。

ただし、以前のオフィスと比べると賃料が数段上がるため、最初に現在の部屋を見ていたら、きっと決断できなかったでしょう。

しかしそのひとつ前の段階で、保留した物件を見ていたので、「あの条件の物件で、あのくらいするのだから、思い切ってこの金額を出そう」と思えたのでした。

あとになってハイアーセルフはこのためにあえて、ワンクッション置いたのだと、腑に落ちたのでした。

オーラを整えると、人生も整理整頓できる

世界や自分の周囲が平和であって欲しいと思うのであれば、まず自分のオーラを平和にしましょう。周りから大事にされたいのなら、まず自分を大事にしましょう。

なぜかというと、先ほどお話ししたように、**あなたが自分をどう扱っているかが、**

あなたの「取扱説明書」として、そのまま周囲の人に伝わるからです。

ただし、自分を大事にして愛することが何かは、人それぞれ違います。

それが、欲しいものを買ったり、食べたいものを食べたり、行きたい場所へ旅行したりすることの場合もあれば、家にいて1日中のんびりすることや、趣味のゲームや読書をすることが最高のごほうびだという人もいるでしょう。

本当に自分を愛することが何なのかは、あなた自身にしかわかりません。

世間の常識や一般論を鵜呑《うの》みにせず、自分の感覚を大切にしていってください。

何をすれば、自分を愛することになるのかをきちんと考えずに行動すると、「何をやってもスッキリしない」という現象が起こります。

たとえば、自分へのごほうびにケーキを食べに行ったとしても、それが本当にやりたいことでなければ、「また太るかも」という罪悪感をあおるだけで終わります。

しかし、心からケーキが食べたいと思っていたとしたら、「ああ、おいしい！」と幸福感を味わえます。それはそのまま、自分を愛することにつながるのです。

ですから、自分のために何かをしようと考えたとき、「これって、本当に自分を愛することか？」とハイアーセルフに聞いてみましょう。

自分を愛するために、もうひとつ大切なことがあります。

それは、自分で自分を否定したり、卑下したりしないことです。

「私ってダメな人間」「またこんなことをしてしまった」「本当にバカだ」と考え、自分をいじめていると、先ほどお話ししたように、その思いがオーラに反映され、あなたの取扱説明書となってしまうからです。

このように、日頃から自分を大切にする選択をしていくことも、オーラを整えることにつながります。

ただし、たとえあなたのオーラが今どんな状態だったとしても、「良いオーラ」や「悪いオーラ」があるわけではありません。ジャッジは不要です。

オーラが輝いているから優れているわけでもなければ、どんよりしたオーラだから劣《おと》っているわけでもなく、ただ、オーラを通して自分の状態に気づき、人生を良いほうへ変えていけば、それでいいのです。

理想的なオーラを一言で言えば、「自分らしいオーラ」ということになるでしょう。

私が透視を学んでいた頃のことです。ティーチャーコースに選ばれたときは、さすがにその重責から緊張したり、焦ったりする場面がありました。すると先生が「あなたらしくないわ。もっと楽しんで欲しいの」と声をかけてくれたのです。それで、肩の力がスッと抜けたのを覚えています。当時の私のオーラも、その言葉で自分らしい輝きを取り戻すことができたのです。

「オーラをいつも管理しなければ！」とピリピリする必要はありません。**オーラの中によけいな情報を入れず、自分のやりたいことを楽しみながらやっていれば、自然にあなたらしいオーラになっていきます。**また、オーラの簡単な浄化法を次にご紹介しますので、ぜひ実践してみてください。

オーラは自分自身できれいにできる

オーラさえきれいになれば、人生は混沌とした状態ではなくなります。この地球で使命を達成するために最適な能力を発揮できるようになり、いつも心地よく過ごせるようになるのです。

もし今、生きづらい状況にいらっしゃるのなら、まず変えるべきは「オーラ」です。

でも「オーラって変えられるの？　どうやって⁉」と思いますよね。

オーラは、状況や心境が変わればすぐに変化します。

先日も、定期的にセッションに来てくださるIさん（50代男性）のオーラが、普段よりスッキリしていたので、何か変化があったのか尋ねてみました。

すると、「わかった⁉　最近、肉をちょっと控えていて、おまけにさっきテニスをしてきたんだ」とのことでした。

このように、食事や運動でもオーラは変わりますし、精神状態や睡眠時間、疲労度といった肉体レベルの状態によっても変化します。

過去生や根深いトラウマは少し時間がかかりますが、それ以外の不要なものは、ワークをすれば、自分で比較的簡単にオーラから消すことができます。

オーラの中を心地よい状態に整理できていれば、人生も心地よいものになるのです。

ここでは、日常的にオーラを浄化していける方法をご紹介しましょう。

オーラをクリアにする基本的なテクニックですので、ぜひ毎日実践してみましょう。

■オーラを浄化する簡単ワーク

①軽く目を閉じてください（慣れると、目を開けたままでもできるようになります）。

②自分のオーラ（半径45センチ）の外に、イメージでゴミ箱を用意してください。どんなゴミ箱でも構いません。

③ゴミ箱の中に、今思い浮かぶことをすべて、ポンポン入れていってください。頭の中に浮かんだことを、オーラの外に全部つまみ出してゴミ箱に入れていくイメージです。

たとえば、悩みや心配事、怒りや不安があるのなら、それをゴミ箱に入れます。あるいは、最近あった楽しかったことや嬉しかったこと、これから楽しみにしていることでさえも、浮かんできたらそのまま捨てます（それにより、より良い中立的なことを引き寄せやすくなります）。

他にも、次のようなことが浮かんでくるかもしれません。

・SNSや本、テレビなどで知った情報

・昔言われて嫌だった言葉や、記憶と一緒に浮かんできた感情
・今からやらなければならないこと
・体の痛みや不快感

嫌な上司や嫌いな人だけでなく、パートナーや親友、家族など、大切な人が浮かんできた場合もゴミ箱に入れましょう。

「その人が消えてしまうのではないか」「何か危害を及ぼすのではないか」と怖れる必要はありません。

あなたのオーラの中にある他の人のエネルギーは、中立でクリアなエネルギーとなって、その人の元へ戻ります。それは、あなたと相手の双方にとって望ましい状況に変化することになります。

こじれた人間関係は、積極的にゴミ箱に捨ててください。その人との間に影響している不要なエネルギーが浄化されます。

自分の心に浮いてきた「上澄み」をすくいとるような気持ちで、捨てていってください。大切なのは、残すか捨てるか判断せず、浮かび上がってきたことすべてを、オーラの外に出してしまうことです。

④ゴミ箱がいっぱいになったら、ゴミ箱ごとイメージで消去します。魔法のようにパッと消したり、あるいは爆発させたり、その方法は自由です。

どうでしょう。簡単にできそうではありませんか？

もし今、状況が許すようなら、さっそく目を閉じてトライしてみてください。

最初は「なんとなくできてるかな」といった感覚で構いません。イメージすればエネルギーはその通りに動くので、きちんと浄化できています。

慣れてきたら、一瞬でできるようになるでしょう。

私たちは常に、新たな画像をオーラの中に生み出しています。一日何度もエネルギーを浄化し続けることで不要なものを排除し、オーラの中をクリアに保つことができます。

「なんか、気持ち悪いな」「エネルギーが落ちたな」と感じたら、浄化のタイミングです。オーラのゴミをパッと払うような感覚で浄化するといいでしょう。

１年ほど続けると浄化がかなり進むので、自分以外のエネルギーがポンと入ってきたときに、「あ、これは私のエネルギーではない」とすぐ気づけるようになります。

ゴミ屋敷にゴミを投げ入れても気づきませんが、スッキリと片づき掃除の行き届いた部屋なら、小さなゴミがひとつあっただけでも目立つのですぐわかりますね。

ゴミは日々溜まります。自分の家をきれいにするような感覚で、オーラの中のゴミをどんどん捨てていってください。

Memo

○自分自身や体の一部は、ゴミ箱に入れないでください。たとえば、手が痛む場合、「手の痛み」は捨てても、「手そのもの」を捨ててはいけません。また、「太っている自分が嫌だ」という感情は捨ててもOKですが、「ぽっこり出たおなか」や「ぽっちゃりした二の腕」そのものを捨てるのはNGです。
○たとえば恋人とケンカをしたとしたら、「頭にきた言葉」「怒りの感情」「ケンカがきっかけで湧き上がってきた過去の傷」、そして「恋人自身」をゴミ箱に入れます。一回で怒りが消えなければ、何度もゴミ箱を作り消去を繰り返してください。
○「全部捨てると、必要なことも一緒に捨ててしまうのでは?」「ネガティブなエネルギーを捨てたら、地球を汚してしまうのでは？」と心配される方もいますが、必要な情報や経験は、よりクリアなエネルギーとなってきちんと残ります。また、不要なエネルギーは浄化され、しかるべき所へ戻ります。安心してワークしてください。

◯仕事で、様々なタスクを並行してやっていると、別の作業に移る前に、それまでの作業のエネルギーが残り、疲労感があったり効率が悪くなったりする場合があります。1、2分でいいので、このワークをやるとストレスやプレッシャーが手放され、オーラの中にはニュートラルでフレッシュなエネルギーが戻ります。集中力が増し、次の作業がスムーズに進みます。

◯素早い霊的進化を望むのであれば、この浄化法を1日に何百回おこなっても構いません。頭に浮かんだことを「ゴミ箱に入れて消去する」を繰り返してください。

◯家族やパートナー、友だちなど、自分にとって大切な人をゴミ箱に入れることに抵抗がある人もいるかもしれません。しかし、オーラの中に他人が存在すると、そのエネルギーが生き方に反映されてしまいます。それだけでなく、大切な人のエネルギーの一部を奪ってしまうことになります。すると大抵は嫌われてしまいます。良好な関係のためにも浄化してください。あくまでも、その人のエネルギーをオーラの外に出すだけで、存在そのものを消すわけではないので安心してください。

日常生活でオーラをクリアにする方法

家族や恋人など関わりが濃い関係であればあるほど、オーラへの影響力は互いに増幅されます。「長年連れ添った夫婦の顔は似てくる」と言われるのは、長期にわたって同じ環境・同じ食生活で過ごすせいだと言われていますが、透視リーダーから見れば、「オーラが毎日混ざっているから」という理由になります。

オーラが混ざれば、当然、人生は似ていきます。口癖（言葉）も思考（価値観）も生活レベル（環境）も似ていきますから、自然と動かす骨も筋肉も同じような可動域の繰り返しで、同じような顔つきになるのでしょう。

よくビジネス書や自己啓発書などで、「あなたは、頻繁に会う10人の年収の平均になる」といわれるのも同じ理由です。

ですから、もし可能なら、できるだけ「好きな人」や「こうなりたいと思う人」と会うことをおすすめします。

とはいえ現実では、そうもいかない場合も多いですね。

日常生活では、会いたい人や好きな人とだけ一緒にいられるわけではありません。

特に、町中や混んだ乗り物の中では、見ず知らずの人たちと至近距離で過ごすことになります。

そんなとき、自分のオーラを快適な状態で守るための簡単なエネルギースキルをご紹介しましょう。繁華街を歩くときや満員電車などで使えるプロテクト法です。

人ごみや電車内では、普段よりオーラが小さくなるように、イメージを使って自分のほうにオーラをグッと引き寄せます。そして、オーラ内のエネルギー密度を高めるよう意識します。すると、他の人からの影響を防げます。その後、安全な場所に移動したら、通常の大きさに戻します。

自分のオーラを思い浮かべながら、「小さくなれ」「元に戻れ」と意識すれば、エネルギーはその通りに動きますので、やってみてください。

足元のオーラを意識しよう

オーラを意識するときは、83ページの図のように、必ずオーラを地面より下に20センチほど下げてイメージするようにしてください。大事なポイントは、床までしっかりとオーラが下がっているか注意することです。

頭ばかり使うようになった現代生活では、どうしてもオーラが頭のほうに偏りがちになってしまいます。

昔のように、家事や農作業などで体を動かすことの多かった時代には、ある程度、理想的なオーラをキープできていました。しかし、パソコンやスマホを多用し、常に情報にさらされ思考を巡らせている今のライフスタイルでは、足元のオーラが希薄な状態になっているのです。

電車内でスマホやゲームに夢中になっている人のオーラを見ると、ほぼ間違いなく足元までオーラがありません。

そうすると、物にぶつかったり転びやすくなったりして、いわゆる、「足元がおぼつかない状態」になります。それだけでなく、足のエネルギーセンターは、夢にたどり着く能力に関係します。ですから、夢を実現したい方は、足元のオーラもきちんと意識しましょう。

また、緊張したり気が動転したりすると、精神的にもエネルギー的にも不安定になってしまうので、この場合もしっかり足元のオーラを意識することが大事になります。

ごみごみした繁華街でも、足元のオーラを意識して歩きましょう。

低次元のダークなエネルギーは、地面近くに溜まる性質があります。足元のオーラがスカスカだと、そこからオーラの中に這《は》い上《あ》がるようにして昇ってくるのです。

足元にオーラを下げるイメージをすれば、一瞬でエネルギーが下のほうまで行くので、意識するだけで大丈夫です。

常にオーラをチェックし、バランスのいい状態を保ちましょう。

オーラが浄化され、きれいに整っていれば、外側に映し出される現実もまた整い、感情のブレや葛藤が減っていきます。すると、夢や目標が叶うプロセスそのものを楽しめるようになります。

また、自分自身でオーラの状態をケアし、常にいきいきとした状態にできれば、自分のオーラ自体がパワースポット状態になり、あなたも、またあなたの周りにいる人も、自然に運がよくなっていきます。

レッスン3では、簡単な透視を使ったオーラの浄化法をお教えしましょう。

Lesson

3

透視の基本
自分を整える

透視をおこなうための準備

いよいよ、透視するための実践的な準備に入りましょう！

レッスン3では、オーラを浄化し、エネルギーを透視モードに整えていくための基本的な瞑想をご紹介します。この瞑想によって、あなたはよりエネルギッシュになり、人生も開けていきます。

望む未来を創るための「一生もの」のエネルギースキルとして、ぜひこれから生かしていただきたい瞑想です。

「瞑想は苦手なんだけど」「瞑想は初めてで……」というあなたも、心配はいりません。椅子《いす》に座っておこなうので、「足が痛くならない!?」という不安も無用です。

また、「瞑想すると、いつも雑念ばかりが出てうまくできないんだけど」と思うあなたこそ、この瞑想に向いていています。なぜなら、これからご紹介する瞑想は、「雑念を呼び起こすこと」に意味があるからです。

この瞑想の目的はオーラをチェックし、その後、透視や成長のさまたげとなるエネルギーを取り除くことです。ですから、あえてこれまで埋《う》もれていた感情や心の奥底に沈殿《ちんでん》していた思い、見て見ぬふりをしていた記憶を呼び起こし、それをオーラの外に出して浄化していきます。

といっても、一気にではなく、少しずつ進んでいきます。また、瞑想といっても意識がどこかに飛んでしまうようなこともありません。安心して取り組んでください。

この瞑想には3つのステップがあります。手順を簡単に紹介しましょう。

＊　＊　＊

◯ステップ1：1日のスタートに、地球とグラウンディングする

「グラウンディング」とは、自分と地球とをエネルギーでしっかりとつなぐこと。自分でしっかり地に足をつけて立つことです。

グラウンディングができていれば、安定した精神状態と力強い肉体を保ちながら、透視する能力を育んでいけます。

○ステップ2：エネルギー（意識）を自分の中心に置く

ハイアーセルフとつながり、1日中明晰《めいせき》さを保って過ごすために、適した意識の置き場所があります。それは、眉間《みけん》の少し上にある、透視能力を司る「第6チャクラ（エネルギーセンター）」の後ろです。

朝、グラウンディングができたら、あなたの意識をいつも置いておくべき場所を確認しましょう。

○ステップ3：ハイアーセルフとつながる

司令塔としてあなたの人生の使命を決めてきたハイアーセルフとつながります。オーラを浄化し、100％自分自身のエネルギーでオーラの中が満たされた状態になることで、ハイアーセルフからの情報を受け取りやすく、透視しやすい状態を創っていきます。

「けっこう大変そうだな。できるかな」と感じるかもしれませんが、決してむずかしいテクニックではありません。慣れれば、ほんの一瞬でできるようになります。

また、エネルギーは物質と違い、イメージすればすぐに動かせます。アクシデントが起きたり落ち込んだりしても、自分のオーラを自分自身で整えられるこのスキルは、あなたの大きな味方となるでしょう。

そのやり方を学んでいく前に、まず、この瞑想の基本となるグラウンディングについてお伝えしていきます。

人生の7割はグラウンディングの質で決まる

この地球上で、この肉体で、自分が成し得る最高の人生を実現したいと考えるなら、何はさておき、まずグラウンディングのためのスキルを習得しましょう。

グラウンディングが日々きちんとできれば、次の状態でいられます。

・直感が冴《さ》えて、生命力にあふれている

・日常の心配事や不安感から解放され、いつも心穏やかである
・他者や環境に振り回されることが減り、落ち着いた判断力を持てる
・タイミングがよくなり、物事がスムーズに運ぶ
・自分らしさに気づき、本来の個性が発揮できる
・「今ここ」に集中できるので、目標達成のために遠回りすることがなくなる
・この人生で成し遂げたいことを知り、集中できる

これらの状況は、そのまま「ハイアーセルフとしっかりとつながっている状態」を表します。ですから、グラウンディングさえできていれば、自己実現する能力が高まり、この地球で満足して生きられる状態となるのです。

逆に、グラウンディングできていなければ、人生は不安定になります。

その例として、酔っ払いや、ドラッグにハマっている状態を想像してみてください。泥酔《でいすい》しているときは、物にぶつかったりケガをしたりといったアクシデントを起こしやすくなりますね。そのような日常生活もままならないレベルでは、ハイアーセルフの声など、受け取りようもないことはご想像いただけるのではないでしょうか。

また、デスクワークが多い人も注意が必要です。

頭にばかりエネルギーが集まると、肉体の存在を忘れ、疲労がたまっていることにすら気づけません。すると、やはりグラウンディングできず、ハイアーセルフとつながれなくなります。心地悪い肉体からは、ハイアーセルフも離れようとするからです。

そんな状態では、地球に生まれた使命を果たすべく、最善・最高の能力を引き出すのがむずかしいことはおわかりいただけるでしょう。

さらに、朝も注意が必要です。私たちが寝ている間、ハイアーセルフは宇宙に里帰りしているので、グラウンディングできていない状態になっています。

朝起きるとぼんやりして、足をうっかり物にぶつけたりすることがありますが、それは、まだグラウンディングできておらず、地球上でエネルギーがうまく機能していないからです。ですから毎朝、のちほどご紹介するグラウンディングをおこなう習慣をつけましょう。

グラウンディングできていないと、感情的になりやすく、イライラしたり急に不安に襲《おそ》われたりしてしまいます。頭がボーッとして、忘れ物や落とし物が増えるのも特徴のひとつです。他にも、次のような状態が起こります。

・落ち着きを失う。物にぶつかったり転んだりしやすくなる
・物事がスムーズに進まない
・直感が働かない。ひらめきやインスピレーションが降りてこない
・人からの影響を受けやすく、決断力が落ちる
・体調が優れない
・経済的な問題や人間関係のトラブルに見舞われる
・衣食住の状況が好ましくない
・常に緊張している

人生には思わぬアクシデントやトラブルが起こりますが、グラウンディングができていれば、ほとんどのことは切り抜けられます。「何があっても大丈夫」と思える安心感がグラウンディングによって手に入ります。

ぜひ、次の瞑想でグラウンディングスキルをマスターし、ハイアーセルフとつながっていってください。

瞑想をスムーズに続けるためのポイント

・椅子に座っておこないます。足のチャネル（エネルギーの通り道）が詰まり、エネルギーが循環しなくなるので、あぐらや蓮華座《れんげざ》ではおこなわないでください。
・ひとりになれる空間でおこないます。お風呂でも、状況によってはトイレでもOKです。
・気になるようなら眼鏡や腕時計、アクセサリー、ベルトなどは外し、ゆったりした服装でおこないましょう。パワーストーンはすべて外してください。香りや音楽は、今取り組まなくても良い過去生のエネルギーを一気に浮上させる可能性があるので、この瞑想法では不要です。
・照明は眩《まぶ》しすぎない程度に。蛍光灯の真下は明るすぎるので避けましょう（真っ暗でもOKです）。

・はじめは目を閉じておこなった方がやりやすいでしょう。慣れてくると、目を開けたままできるようになります。
・ハイアーセルフとつながる基本瞑想（次ページ）は、可能な限り毎朝続けましょう（たとえ途切れても、また再開すれば大丈夫です）。
・慣れないうちは、雑念が一気に湧き出て処理しきれず、瞑想中に眠くなることがあります。また、潜在意識の奥にあったトラウマや感情などが湧き上がり、自己防衛の手段として逃避するために眠くなる場合もあります。いずれも、湧き出たエネルギーをどんどんゴミ箱に捨てて消去していけば、次第に眠気は訪れなくなります。
・瞑想の時間は、最初から長くやらなければとがんばる必要はありません。はじめは、5分〜20分程度でタイマーをかけておくのもいいでしょう。慣れてくると、「あっという間に1時間過ぎていた」ということも起こります。

ハイアーセルフとつながる基本瞑想

◯ステップ1：1日のスタートに、地球とグラウンディングする

①起床後、ベッドの脇か、椅子に腰かけます。その際、足の裏は床にぴったりつくようにします。足が着かない場合は、クッションなどを床と足の間にかませてください。手のひらは上にして軽く腿《もも》の上に置き、自然な呼吸を続けます。

②目を閉じ、背骨の基底部にある第1チャクラ（ルートチャクラ。生存を司るエネルギーセンター）から、イメージで地球の中心に向かってエネルギーで作ったコードを降ろしていきます。
このエネルギーで作ったコードを、「グラウンディングコード」と言います。
グラウンディングコードが地球の中心まで届いたら、そこにしっかりと固定します。

グラウンディングコードは、自分のイメージしやすいもので結構です。光の柱や船の錨《いかり》がまっすぐ降りていく様子をイメージしてもいいですし、大きな木の幹が地中に入っていき、地球の中心を木の根っこがつかむ形でも構いません。

③そのまましばらく、グラウンディングした状態を感じてみましょう。どんな感じがするでしょうか。足のほうが重く感じたり、内臓が下がったように感じたりするかもしれません。気持ちが安定してくるのを感じるかもしれません。いずれにしても、ここで強くてしっかりとしたグラウンディングコードを作ってください。

④足の裏にも、フットチャクラと呼ばれるエネルギーセンターがあります。そこから、グラウンディングコードを地球の中心まで降ろしてみてください。両足からグラウンディングコードを降ろすことで、自分の人生をしっかりと歩んでいく能力が上がります。

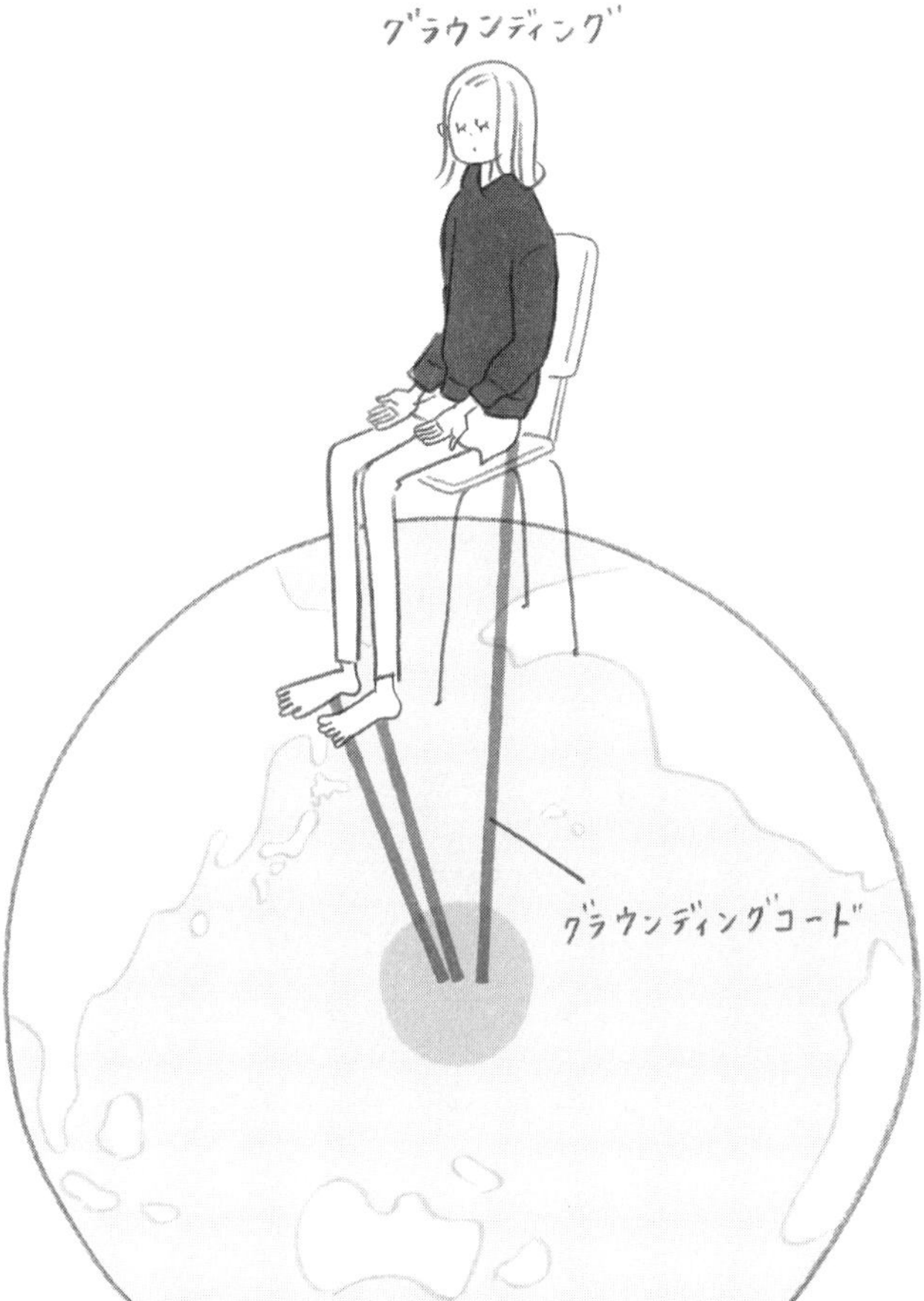
グラウンディング
グラウンディングコード

Memo

○グラウンディングコードは感情が揺さぶられること（家族や自分が病気などのトラブルに見舞われたとき、経済的な問題があるとき、災害や事故に遭《あ》ったとき）があると弱くなったり、抜けやすくなったりします。また、ストレスフルな環境や人ごみなどでも抜けがちなので、１日中しっかりしたグラウンディングコードを降ろしていられるように、慣れるまでは何度もチェックし、毎日練習してください。

○グラウンディングコードは、立ったままでも、歩きながらでも、電車や飛行機に乗っていても、一瞬で地球につなげることができます。しかし慣れるまでは、座った状態でおこなうことをおすすめします。

○旅行先でも、グラウンディングはおすすめです。知らない土地では不安もあり、気分も浮ついてしまいます。現地でしっかりグラウンディングすると、ハイアーセルフとつながり、明晰な状態を保てます。

○ステップ2：エネルギー（意識）を自分の中心に置く

①眉間の少し上、額の真ん中（第6チャクラ。透視能力を司るエネルギーセンター）を意識します。自分の肉体が大きなロボットだとして、それを操る操縦席が第6チャクラの後ろにあるとイメージしてください。頭の中が空洞《くうどう》になっていて、そこに飛行機や宇宙船のコックピットがあるのを想像するのもいいかもしれません。

②イメージの中で、操縦席に自分を座らせます。操縦席はどんなものでも構いません。

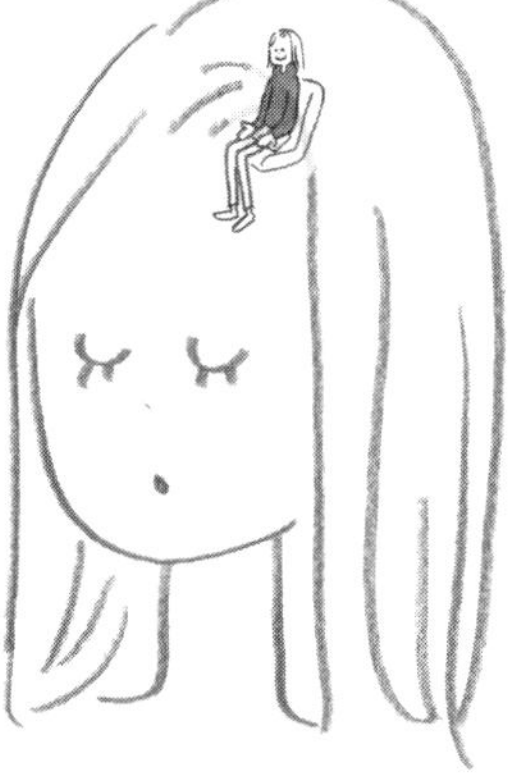

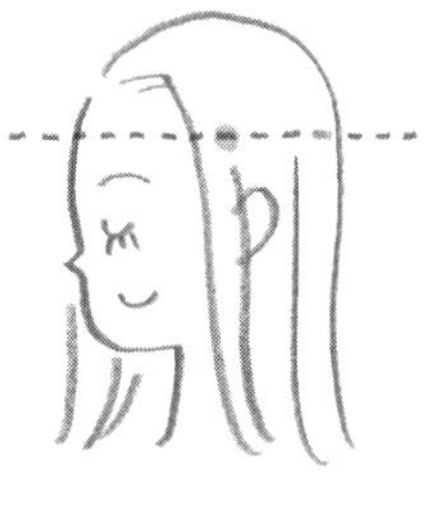

自分の居心地のいい席を思い浮かべましょう。

③日中、生活するときも透視するときも、この第6チャクラの後ろに自分が座っているという意識を保つことで、目の前の出来事に対して最善の対処ができるようになります。何よりも、ハイアーセルフと常につながった状態を保つことが可能となります。

Memo

○この操縦席には、あなた以外は誰もいない状態にしてください。たとえ、ずっと一緒にいたい恋人がいても、そのエネルギーは相手の元に送り返しましょう（その方がよい関係を保てます）。「このエネルギーは、彼（彼女）の元へ返します」とイメージすれば、自動的に戻ります。

ましてや、嫌味を言う上司などは入れないようにご注意を。あなたの人生を操縦できるのは、あなただけでなくてはいけません。もし他の人が操縦席に座っていたら、あなたの肉体はその人の人生のために使われてしまうので気をつけましょう。

○ステップ3：ハイアーセルフとつながる

①頭上1.2メートルくらいのところに、ゴールドに輝く玉をイメージしてください。大きさはバスケットボールくらいが目安ですが、自分の心地いいサイズで大丈夫です。宗教画のキリストや聖人の頭上に描かれている黄金の光輪を想像すると、イメージしやすいかもしれません。

②ゴールドの玉から、頭頂にある第7チャクラ（クラウンチャクラ。宇宙とつながるチャクラ）に向かって、コードをつなげます。第7チャクラは、頭頂部にある平たい皿状のチャクラです。そこから、ハイアーセルフの情報のエネルギーを頭の中にダウンロードしていきます。

③第7チャクラから宇宙の中立なゴールドのエネルギーを引き入れ、オーラ全体を宇宙のゴールドのエネルギーで満たします。
このとき、オーラを理想的なサイズ（体を中心として半径45センチの卵形）にして、足の下までしっかりとオーラで満たされた状態にしましょう（命ずればオーラはそ

のようになります）。

ハイアーセルフと良好な状態でつながっているとき、私たちは生命力（エネルギー）にあふれ、「自分自身である」「自分の人生を生きている」と感じることができます。その状態をゆっくり感じていきましょう。

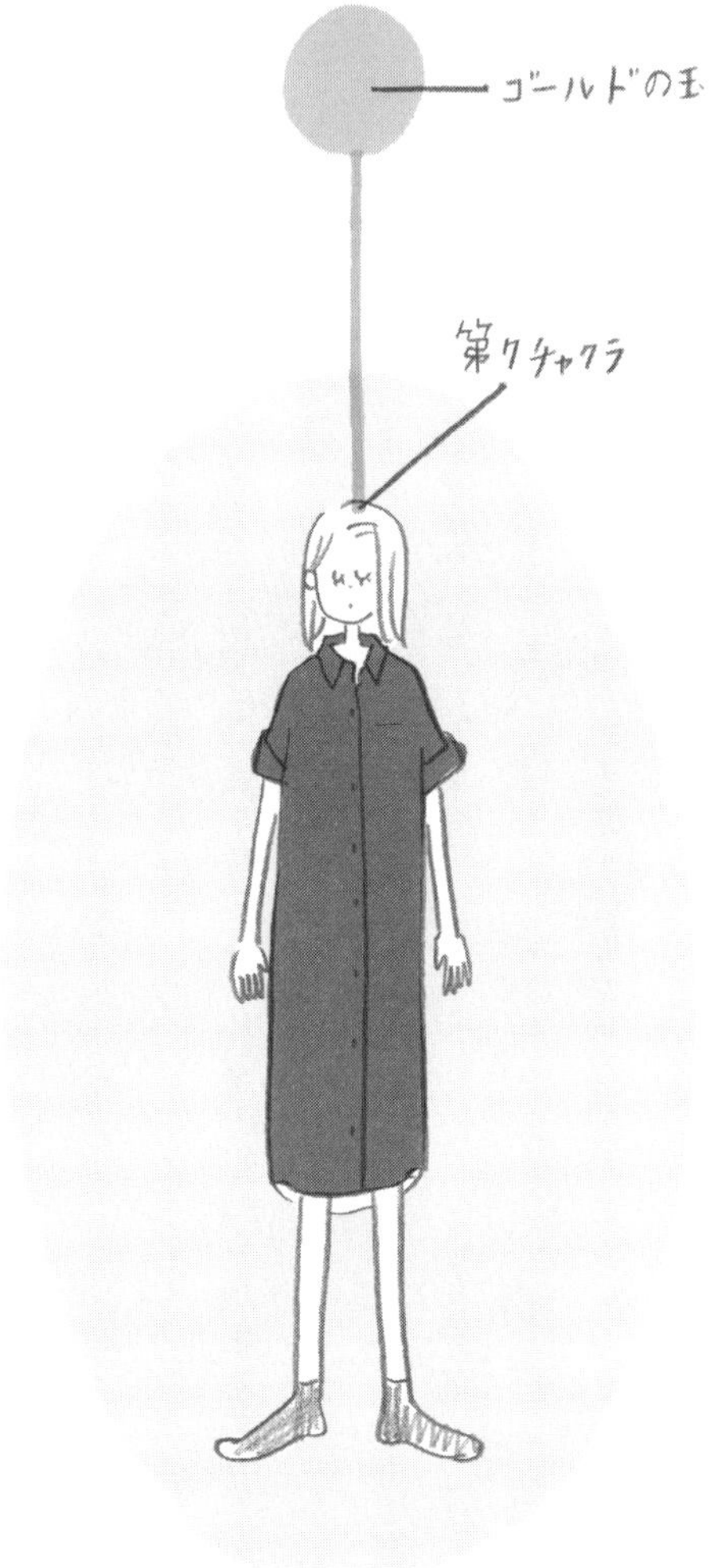

Memo

まれに、第7チャクラに、他人のエネルギーのコードが刺さっている場合がありま す。チクチク・ピリピリしたり、突起物のようなコードが刺さっていると感じたりし た場合は、オーラの外に出すイメージでゴミ箱にコードを入れて、ゴミ箱ごと消去し ましょう。

そういうときは、妙に暗いことばかり考えてしまったり、気分が鬱々《うつうつ》としたりする などの傾向があります。

はじめのうちはわかりにくいかもしれませんが、慣れてくると、違和感があれば気 づけるようになるはずです。もし不安なら、頭頂部を掃除するような感覚で、頭上の 不要なエネルギーを全部ゴミ箱に入れるイメージをするといいでしょう。

逆に、あなたが誰かをコントロールしようとしたり、特定の人に対する執着心が強 かったりすると相手にコードを刺すことになり、大きなカルマを生みます。たとえ、 自分では「好き」「愛している」と思っていても、エゴから行動することになってし まい、結果として、現実的にも相手に嫌われてしまうので注意しましょう。

瞑想とグラウンディングは、人生を変えるツールになる

ハイアーセルフとのパイプを太く強くするためにも、この瞑想はできれば毎日やるようにしてください。

ハイアーセルフからのエネルギーを受け取るシステムは、宇宙に飛んでいる人工衛星からの情報を受信したナビシステムと非常に似ています。

地上からナビシステムを使って周波数を合わせると、どこに移動しても、自動的に人工衛星から電波が送られて受信することができます。

それと同じように、ハイアーセルフに周波数を合わせることで宇宙とつながり、そこからの情報をダウンロードできるのです。しかも、ハイアーセルフを通して受信するので自分専用にカスタマイズされ、とても実用的で、具体的な情報を受け取れます。

毎日続けていくと、あなたがこの人生で果たすべき使命に沿った、その日地球上で実

行すべき課題をハイアーセルフから受け取れるようになるでしょう。

私たちはひとりひとり、使命も違えば生きる環境も違います。夢や目標も人それぞれです。

ですから、自分のことをずっとサポートしてくれているハイアーセルフを通して宇宙とつながると、行きたい場所への道順から、人生がかかった重要な選択まで、様々なレベルでガイドしてもらえるのです。

肉体が教えてくれたグラウンディングの重要性

先ほどお話しした通り、この基本瞑想でもっとも重要なプロセスはグラウンディングです。グラウンディングの重要性がわかる興味深い例をご紹介します。

Jさん（40代女性）を透視したときのことです。グラウンディングコードを視ると、きちんと降ろされておらず、フラフラしている状態でした。

そこで、Jさんのハイアーセルフに理由を聞いたところ、「Jさんの肉体が『早く家を決めて欲しいの。毎日緊張するの』と嘆《なげ》いているからだ」と教えてくれました。

その言葉を伝えると、「じつは、引っ越し先が決まらなくて。3週間前から友だちの家を転々としているんです」とのこと。本人はその状態も楽しめていると思っていたそうですが、体は緊張を強いられていたのです。

Jさんは、できるだけ早く引っ越し先を決めると、体に約束してくれました。

さらに透視を進めると、Jさんが仕事に迷いを感じ、将来に不安を抱いていることもわかりました。一言で言えば、オーラ全体が迷走している状態だったのです。

私は、Jさんのグラウンディングコードを強く太いものに創り直し、自分の人生を自分で創る能力を取り戻せるように、ヒーリングさせていただきました。また、いち早く転居先が決まる方法と、仕事についても最善の対策と判断時期をハイアーセルフから聞き出し、Jさんに伝えました。

Jさんのグラウンディングが弱くなったから人生が混沌《こんとん》とし始めたのか、人生が混沌とし始めたからグラウンディングが弱くなったのかは、さして重要ではありません。この例からお伝えしたいのは、「どんな状況であろうと、グラウンディングがしっかりと強いことが重要」ということです。

グラウンディングが強ければ、人生に何が起ころうと素早く最善の選択と行動ができ、問題が深みにはまるのを防げるでしょう。

グラウンディングは、人生に安心感をもたらす

私自身も、常にグラウンディングを意識しています。

東日本大震災のとき、グラッときた瞬間に「大きい！」と感じ、恐怖心が湧き上がるより早く、強くて太いグラウンディングコードに創り直しました。

次に、グラウンディングコードを通じて、心身の緊張感を地球の中心に流しました。ほぼ同時に、地球に話しかけ、穏やかなシフトであるように祈りました。地震は、地球のシフト（進化成長）なのです。

また、ハイアーセルフにも「どうする？」と指示を仰ぎ、指示通りテレビボードから離れたので、次の瞬間にテレビが倒れてきてもぶつかることはありませんでした。

一瞬でこのようにできたのは、グラウンディングが習慣として身についているからです。

もちろん私がいる関東の揺れは、被災地の比ではなかったでしょう。しかし、これ

だけ地球が活発なシフトを繰り返している今、いつ何時、緊急事態が発生するかわかりません。日頃からグラウンディングしていれば、緊急時にも、冷静で効果的な対処ができるようになるでしょう。

「どのような状況でも、自分を見失わないでいられる」という自信は、人生に対する様々な不安を消し去ってくれます。

グラウンディングコードを降ろしていると、電車やバスでぐらつかなくなったり、転ばなくなったりします。クライアントのモデルさんがグラウンディングを習慣化したところ、ハイヒールを履《は》いて歩くランウェイで足元がふらつかなくなり、転びにくくなったとのことでした。

日常生活でエネルギーが安定してくるのが自分でも体感でき、気持ちや生活に変化を感じるようになるはずです。

グラウンディングできていれば、逆に、パニックになったり気が急いていたりするときは、グラウンディングできていないときですから、ひとつの目安にしてください。

基本の透視ワークをやってみよう！

「ハイアーセルフとつながる基本瞑想」はいかがだったでしょうか？

この瞑想は、これからおこなうすべての透視ワークの基礎となります。

エネルギーを整えるためにも、可能な限り毎日続けていただきたいワークです。日日上達していきますので、ご自身の変化を楽しみながら取り組んでいってください。


さて、これで準備は整いました。

さっそく、基本的な透視にトライしてみましょう。

とても簡単な透視です。リラックスしてチャレンジしてください。

＊　＊　＊

○透視ワーク：基本①

①目を閉じ、「ハイアーセルフとつながる基本瞑想」（129ページ）をおこないます。

②額の30センチほど前に、スクリーンをイメージで用意します。

【映像を視る練習】

③そのスクリーンに、リンゴを映し出してみてください。色や形はどんなでしょう。香りはするでしょうか？

【今を視る練習】

④次に、自分の部屋を映し出してください（今、部屋にいる場合は、他の好きな場所を映してください。透視するのは「あなたから視た」現在の部屋の様子です。視えた画像に自分自身が映っている場合は、透視ではありません）。

【過去を視る練習】

⑤今週起きた出来事の中で、一番嫌だったことを映し出してみてください。振り返ってみると、いじわるをしてきた人の顔、ショックだったシーン、文句を言われてムカッとした場面、我慢を強いられた状況などが浮かんでくるでしょう。オーラの中には、その嫌だったエネルギーが残っています。オーラの外にイメージでゴミ箱を作り、嫌だったことをゴミ箱に捨て、消去していきます。

他にも、思い浮かぶイメージがあれば、ゴミ箱に入れて消去します。また、具体的な人や出来事などが視えた場合は、それも捨てていきます。他にも、湧き上がってくる感情などがあれば入れて、ゴミ箱ごと消去します。とにかく、浮かんできた思いや画像、記憶など、オーラの中にあるものはすべてゴミ箱に入れて消去してください。

Memo

○スクリーンは、最初からハッキリ視えなくても大丈夫です。「なんとなく視える」「視える気がする」で構いません。もし「よくわからない」という不安や、自分の透視能力に対する疑いが湧いたら、その思いもゴミ箱に入れて消去します。

○自分の経験したことや知っているものを思い浮かべるのも、目の前にないものを視ることと同じなので、これも立派な透視です。

○画像がすぐ視えなくても焦る必要はありません。瞑想しながら感じるエネルギーをどんどんオーラの中から浄化していけば、練習を続けるうちに、画像が視えてきます。

○透視ワーク：基本② スクリーンを使って、オーラを浄化する

初めての透視はどうだったでしょうか？

意外に簡単だったかもしれません。あるいは、あまりうまくいかなかったという人もいるでしょう。最初からうまくできなくても、心配はいりません。

練習をすればするほど、スムーズにできるようになります。出来不出来を判断せず、淡々と取り組んでいきましょう。

次は、イメージ上のスクリーンに自分の姿を映し出してオーラを浄化する透視です。ひとつ上のテクニックになりますが、これも非常に役立つ透視なので、基本のワークとして日々使っていってください。

＊　＊　＊

①目を閉じ、「ハイアーセルフとつながる基本瞑想」（129ページ）をおこないます。
②額の30センチほど前に、イメージでスクリーンを用意します。

③「今日の私のオーラの状態を視せて」とハイアーセルフにお願いして、スクリーンに自分の姿を映し出します。
スクリーンを視ながら、オーラの状態（形、濃さ、汚れ、明度、彩度、重さはどうか。破れていないか、特に気になる画像があるか）をチェックします。

④「何だかオーラが黒っぽい感じがする」「重いエネルギーを感じる」と思ったら、オーラの外にイメージでゴミ箱を作り、その感覚をゴミ箱に捨て、消去します。
オーラに汚れやゴミのように感じるエネルギーが視えた場合も、ゴミ箱に入れて消去していきます。

また、人や出来事などが視えた場合は、それも捨てていきます。他にも、湧き上がってくる感情などがあれば入れて、ゴミ箱ごと消去します。とにかく、オーラの中にあるエネルギーは、どんどんゴミ箱に入れて消去してください。

⑤最後に、上半身を前に倒して、トランス状態（変性意識状態）のエネルギーをア

ース（＊）するようにしてください。

⑥強くてしっかりとしたグラウンディングを確認し、ゆっくりと目を開けます。

＊瞑想中は、宇宙からのエネルギーでオーラの中を満たしているため、高波動のトランス状態になります。その状態で浄化するとゴミを早く手放せますが、現実生活の意識モードではありません。

ですから、瞑想を終えるときには必ず上半身を前に倒して、高波動のエネルギーを地球に放出しましょう（手を床につける必要はありません）。すると、フワフワした感覚がグラウンディングされ、現実的な波動に戻れます。

Memo

○視えた画像が正しいかどうかはジャッジせず、「今日はピンクっぽいかも」「オーラが淀《よど》んでいる気がする」など、自分なりに受け取った感覚を大事にしてください。

○「スッキリした」「今日は、もう十分だ」と感じられるまでおこなって構いません。

ただし、1回の瞑想を連続しておこなうのは、120分を限度としてください。

◯浄化されて空いたスペースに宇宙からのエネルギーが入り、オーラを純化していきます。

◯時折、家族やパートナー、友人などがグラウンディングコードにぶら下がっている場合があります。すると自分の人生なのに、その人たちのために時間とエネルギーを使い続けるような、依存状態を引き起こします。また、ペットを溺愛《できあい》している人や植物への愛情が強い人などは、まれに、そのペットや植物がぶら下がっている場合もあります。心当たりがある場合は、グラウンディングコードごとゴミ箱に捨てて浄化し、また新しく、しっかりとした太いグラウンディングコードを創り直してください。

◯このワークは、変性意識状態になり、より深いレベルでオーラを浄化していくワークです。日常生活で手軽にできるレッスン2のオーラ浄化（109ページ）と合わせて、続けていってください。

ワークを続けると、「自分の専門家」になれる

瞑想を続けていると、自分でも気づかないうちにフタをしていた感情や記憶の画像が湧き上がってくることがあります。そんな感情や記憶も、どんどん捨てていきましょう。浄化しきるまでは、実生活で似たようなシチュエーションに遭遇《そうぐう》したときに、強い悲しみや怒りが湧いてくるパターンを自覚するかもしれません。

たとえば、時も人も違うけれど、誰かに言われた同じ言葉が瞑想中に浮かぶたび、涙が出たり、幼少期にひとりで留守番した記憶が何度もよみがえって心細さを感じたりするなど、そのときだけ感情が強く反応する特定のシーンがあるのなら、同じ現象のエネルギーが幾重にも重なった画像がオーラの中にあると考えていいでしょう。

その幾重にも重なった強いエネルギーを保持した画像は、浄化をしていかないと、まるで磁石のように実生活で何度も同じ事象を引き寄せる的《まと》になり、やがてはトラウ

マになるほどまでに育ってしまいます。

しかし、このプロセスで浄化を続けていくと、1枚1枚重なっていたエネルギーの画像がはがれ、最後に「核となる画像」が残ります。それが「コアピクチャー」で、それらの原因になっていたおおもとの出来事や記憶のエネルギー画像です。

たとえば、ペットボトルを何枚ものデザイン違いの透明なシュリンクラベルが重なって覆っていたとします。そのラベルを1枚ずつ取り払っていけば、最後には、もともとのラベルの文字をハッキリ見ることができますね。

そのように、**オーラを浄化していくことで、自分自身の行動や感情の真の原因だったものが、くっきりと浮かび上がってくるのです。**オーラの中で重なっていた不要なエネルギーがなくなるので、根本の原因が視えやすくなるのです。

このコアピクチャーにたどり着くと、同じような経験は、もう一生しなくて済むとされています。**おおもとの原因を浄化した時点で、それが原因で起きていた状況や感情はサッと消えていきます。**課題が終了したことになるので、まったく症状が出なくなるのです。

「コアピクチャー」が見つかると、人生が生きやすくなる

私は以前、母との関係について、このコアピクチャーを見つけようとしたことがあります。毎日瞑想を続け、母との記憶の中で浮かんできた思い出や感情をひたすら浄化し続けたのです。

当時は、まだ透視リーダーとして起業を考えていませんでしたが、瞑想を始めて、どんどん自分の人生が明るく変わり始めていることを実感していました。それでも、私が本当の意味で自分のオーラをクリアにするには、すでに他界していた母との関係に答えを出す必要性を感じていました。

それに、ちょっと楽しみでもありました。「この瞑想に本当に効果があって、母への葛藤をクリアにしたら、私、どうなっちゃうのだろう⁉」と。

前にお話しした通り、母は中3だった私を置いて家を出たのですが、私には、事前に何も言ってくれませんでした。父との関係が破綻《はたん》していたので、家出してしまったこと自体は心情的に理解できたものの、やはり、やるせない気持ちがずっと残り続け

ていたのです。

なぜ、子どもである私の了承も得ず、出て行ってしまったのだろう。

どうして、「一緒に来る？」って言ってくれなかったんだろう。

大好きだから、あんなに一生懸命、父の暴力からかばって助けてあげたのに……。

そんな思いが心の奥底でくすぶり続けていると、「大事な人をかばっても、結局は離れていく」「人に尽《つ》くしても裏切られる」といった思いが画像となってオーラの中に重いエネルギーとして残り続けます。

また、誰かと親密な間柄になっても「この人もやっぱり私を裏切るのかな」「尽くしてもまた、あのときと同じように、私から離れていくのかな」という思いが浮かんできます。そして自己防衛から、「もう、誰かと親しくなるのはいいや」とあきらめモードに入ります。

すると当然、その思いを反映した現実が創られ、傷つくことはないけれど、他者と心からの信頼関係が築けないつまらない人生になってしまいます。

当時はアルバイトしながら透視を学んでいる頃で、仕事から帰って瞑想していたのですが、毎日2時間瞑想を続けました。

自分のペースで、自分を癒《いや》せるオーラの浄化

瞑想しながら、母に言われたことや昔の思い出、当時感じた寂しさや悲しさなど、思い出したことをすべてオーラの外に出し、ゴミ箱に捨て浄化していきました。するど、瞑想中ずっと泣けてくるのです。涙が止まらないので、2時間泣きっぱなしです。そんな状態は数日経っても変わりません。日中楽しい出来事があっても、「さあ、母とのワークをするぞ」と座って瞑想を始めたとたん、泣けてくるという状態が数カ月続き、さすがに相当ダメージが深かったのだなと改めて気づきました。それでも、浮かんできたものをすべてオーラの外に出し、浄化し続けていきました。

「一生かかっても終わらないかもしれないな。それも仕方ないな。来世に少しでも役立てばいいや」と思い始めていた半年後のことです。

瞑想中に、ある映像が現れたのです。

それは、私が母の産道を通ってこの世界に生まれてくる映像でした。

映像の中の私は、こう言いました。「私が、この人を自由にしてあげるんだ」。

この映像こそ、私の持っていたコアピクチャーだったのです。

その日から、瞑想をしても私はピタッと泣かなくなりました。

そして、「私が選んできたんだなぁ。母を自由にしてあげるという目的が達成できて良かったなぁ」と、思えるようになりました。自分が母をかばったことは間違っていなかったのだと思い、ホッとしたのと同時に、解放感のような晴れやかな気分を感じました。今では母との思い出に慈《いつく》しみを感じています。

また、人間関係に対するスタンスも変わりました。

それまで、誰かに愛を贈ることに関して感じていた怖さやためらいが消え、「自分がやりたいからやっているんだ」と思えるようになりました。

たとえ人間関係に何か問題が生じても、自分のオーラの中に解決の答えを見つけることができるので、人に依存することがなくなり、自立した大人の人間関係を築けるようになりました。

「半年もかかるのか」と思われるかもしれませんが、たった半年で、それまで何十年も人生に影響を与えていたものから自由になれたのです。このワークをやって、本当によかったと思っています。

リーディングやエネルギーワークのプロの手を借りれば、短時間で同じプロセスを終えられるのかもしれません。しかし、**人の手を借りなくても、自分なりのペースで、そして自らの手で、自分の人生を滞らせていた感情や記憶を掘り起こし、癒していくことができる**のです。

根気強く続ける必要はありますが、徹底的にやれば、最後にはコアピクチャーにたどり着けます。私自身も、母との関係を視ていったときに、最初はコアピクチャーにたどり着けるとは思っていなかったので、「半年でできたんだ」と意外でした。

「まだ出てくるの⁉」と焦るとエネルギーが停滞するので、「今生で終わらなかったら、来世でもいいか」といった気楽な姿勢で無理なく取り組んでいってください。

何十年も積み重なっていたものを、短期間で取り払おうとすること自体、無理があるのです。しかし、**エネルギーワークは確実に魂のシフト（進化成長）を早めてくれます。**

今生で少しでもオーラの浄化を進めていけば、来世でいいスタートが切れるのは間違いありません。それに実際にやってみると、案外、今生で間に合ったりしますから。

ワークで自分を肯定でき、「上品」に悩めるようになる

あなたはこれまで、嫌なことが起きたら、それがきっかけとなって「前にもこんなことがあった。この人はいつもこうなんだから！」「私はどうして同じことを繰り返すんだろう」と怒りや自責の念を連鎖させては暗くなっていなかったでしょうか。

また、今までは、「へこんだり悩んだりするのはよくないから、早く抜け出さなきゃ」と焦燥感《しょうそうかん》にかられていなかったでしょうか。

でも、これからは違います。そんなときは「あ、オーラの中にゴミがあるんだ」と気づき、浄化すれば完了です。それも、プロの手を借りなくても自分でできるわけですから、どんどんクリアにしていってください。

むしろ、**心がモヤモヤしたり、苛《いら》ついたりしたときを見逃さないことです。そのときこそ、オーラをきれいにするチャンス**なのですから。

起きている出来事や湧いてきた感情を静かに受け止め、瞑想しながら、自分はなぜ落ち込んでいるのだろうと自分の中を見て、その思いを消去していけば、それでＯＫ

です。また、何かショックなことが起きたとしても、それは「怖いこと」ではなく、気づきをたくさん受け取れるタイミングです。

そんな姿勢でいることを、私は「上品に悩む」と呼んでいます。上品に悩めば、悩むことそのものが、その人の気品を育てることにもつながります。

だから、落ち込むことを怖がらなくていいし、生きづらくなるのを怖れなくていいのです。

でもやっぱり、願いが叶わなければへこんでしまうし、失恋したら自暴自棄になってしまうこともあるでしょう。その気持ちを無理に押し込めることはありません。

ただ、その出来事の裏には、たくさんのギフトがあると気づいてください。

「なぜ、こんなことが起きてしまったのだろう」「なんてタイミングが悪いのだろう」と嘆きたくなるときは、「ハイアーセルフは、何に気づかせたいのだろう」と考えてみてください。

このレッスン3で紹介した基本瞑想は、一度おこなうだけでも、不要なエネルギーを瞬時に消去し、オーラを浄化することができます。

ただし、オーラそのものを根本からクリアにするのは、数日で簡単に終わるものではありません。今まで何十年も積み重ねてきたエネルギーをきれいにしていくのですから、気長に続けていきましょう。

たとえば、買い物癖がある人が、買ってきた不用品を毎日ゴミ箱に捨てれば、きれいな部屋で過ごせますが、買い物癖そのものを治すには時間がかかりますね。それと同じだと考えてください。

ただし、習慣にすれば、毎日気持ちよい部屋で暮らしながら、その癖も修正していけるので、年単位で気長に考えるくらいでいるのがちょうどいいでしょう。

一例ですが、クライアントのKさん（40代女性）は、ほぼ毎日浄化を続けて、ご自身なりに浄化がいったん完了したと思うまで2年間かかったそうです。

実のところ、それまで溜めこんできた「ゴミ（不要なエネルギー）」が多い分、年齢が上がれば上がるほど時間がかかります。しかし、日々心穏やかになっていくので、やりがいと楽しみのあるワークです。

この瞑想を知るまでの私は、人一倍クヨクヨ体質でした。

意識が自分の外側ばかりに向いていて、グラウンディングが弱く、エネルギーも「今ここ」にないので、よく転んだりケガをしたりしていました。また、電車の乗り過ごしや勘違いも頻繁にありました。

でも、この瞑想を続けるうちに、いつしか「いつも落ち着いているね」「何があってもひょうひょうとしていますね」と言われることが増えました。

体質改善にある程度の時間がかかるように、オーラの変化にも肉体変容ほどの時間はかからないまでも、根気強く面倒を見続ける必要があります。**無駄な努力なく継続する一番の秘訣は、「習慣」になるまで、少しだけがんばって続けることです。**歯磨きや入浴のような「やらないと気持ち悪い」習慣として、オーラの浄化を続けていってください。

やる気がなくなったら、「魂の成長期」

スピリチュアルなワークを続けていくと、途中で「なんとなく、ワークをやる気がしない」「こんなことをやっていて意味があるのかな」と感じる時期が訪れます。

この時期を、私たち透視リーダーは「魂の成長期」と呼んでいます。

ワークによって霊的成長を促していくと、ある期間、肉体のレベルと魂の進化レベルにズレが生じ、そのせいで倦怠感《けんたいかん》や無力感を覚えてしまうことがあるのです。

これは、古い自分が反抗し、ストライキを起こしている状態とも言えます。

あるいは、肉体が魂に追いつこうと必死にがんばっている影響が、体調不良や抑うつ的な症状として表れている現象でもあります。

小さい子どもが精神の成長期に出す「知恵熱」と同じ現象だと考えてください。

じつは、そのときこそ魂が成長しています。成長期のエネルギーは、いわば次の段階に進む前の「踊り場」にいるようなものなのです。そういう時期は先が見えず、成果も上がらない気がして、不安にもなるでしょう。しかし、そこでワークをやめてしまうと、「なんだ、やっぱりできなかった」で終わってしまうので注意してください。

この魂の成長期に起こりやすい事象としては、主に、気力の低下（抑うつ状態）、体調不調、人間関係の変化（別れ・出会い）や環境の変化などがあります。

4つのどの事象が先に起こるかは人それぞれですし、症状の程度も人によって違います。また、同時に起こる場合もあれば、どれかが突出して大きくのしかかってくるともあるでしょう。

いずれにしても、次のような症状が出てきたら、要注意です。

・理由はないのに、ある朝「起きるのが嫌だ」と感じた
・意味もなく、やる気がなくなった
・ついこの間までは、調子よくワークをしていたのに、急にスランプに陥った
・過去の古傷を思い出すような感情が湧き上がってくる

成長期を抜けるまでの間は、葛藤や不安、苦しさを感じるでしょう。

無事にその時期を抜けるコツは、まず「成長期に入った」と自覚することです。

そして、肉体をケアすることです。睡眠時間をたっぷり取る、マッサージに行く、ゆっくり入浴するなど、十分に体を休めましょう。そうすれば、肉体と魂のエネルギーのズレが修復され、早く成長期から抜け出せます。

他にも、次のようなことを意識するといいでしょう。

・大きな決断（引っ越し、結婚、転職）をしない
・進みたい方向（望み）を見失わない
・焦らず、成長期のつらさを怖れない
・音楽やアート、自然など、圧倒的に高い波動に触れる
・アファメーション（自己肯定文）を唱える

ただし、もし、他者からの刷り込みや他のエネルギーがオーラに影響している場合は、体をいくらケアしても、気分が変わりません。その違いは慎重に見極めましょう。何をしてもやる気が出ない場合は、ハイアーセルフの出番です。「私がワークをやりたくないのはなぜ?」「今のやる気がない状態は成長期だからなのか、わかりやすく教えて」と尋ねましょう。

あるいは「早くこの状態から抜け出せるようにして」と頼むと、いつの間にか成長期から抜けて、またワークに取り組めるようになっていくはずです。

成長期を抜けた後、あなたはきっとまた一段成長した魂とともに、楽しみながらワークを続けていけるでしょう。

Lesson

4

透視の実践
視る力を鍛える

実際に、透視を使ってみよう！

基本の透視ワークも終わり、ようやく本格的に透視を始める準備ができました。さあ、透視を使って、あなたの未来やこれから引き寄せるものを視たり、子どもの頃の自分に会いに行ったりしてみましょう！


「いきなり未来を視るなんて、ハードルが高そうだな」と思いますか？

大丈夫。誰でも、すでに透視ができる能力が備わっています。

今からご紹介する透視ワークを実践していく中で、少しずつその能力を思い出し、育てていくことができます。

「やってみたいな」「面白そう！」。その感覚を大切にしてください。

あなたは、これまでもきっと、「やりたい」「楽しい」といった感覚をたくさん選んできたはずです。

たとえば、初めて自転車に乗ったときのことを思い出してみてください。

「転んでケガをしたら怖い」「乗りこなせなかったら恥ずかしい」と思って、練習をやめてしまったでしょうか。

それよりも、「自転車に乗りたい！」というワクワクした思いのほうが強かったから、何度失敗しても練習を続け、乗れるようになったはずです。また、自転車に乗ることそのものが楽しかったから、あきらめずチャレンジできたはずです。

「歩きたい！」という純粋な気持ちがあるから、赤ちゃんは尻モチを何回もつきながら、一歩一歩、足を前に出していきます。小さい頃のあなたも、そうやって歩き始めました。

歩き出した赤ちゃんが、新しい景色や物事に出会って世界を広げるように、透視は、あなたの世界を大きく変えます。

新しい世界を楽しみながら、リラックスしてチャレンジしてください。

これから紹介する透視には、２種類あります。

ひとつは、イメージの中で自分自身を動かしながら、画像や映像を視ていく透視。もうひとつは、スクリーンに画像を映し出して視る透視です。どちらも、透視であることに変わりはありません。目には視えないエネルギーを視ることに違いはないからです。

それぞれの透視の目的に、もっとも適したプロセスを紹介しています。

一言一句、正確に思い出そうとしなくても大丈夫ですので、文章を読んだあとに目を閉じ、流れを思い出しながら透視していってください。

透視ワーク①
自分の未来を視る

さっそく、あなたの未来を視てみましょう。

この透視では、あなたの未来を映し出す映画館に行って、これから来る可能性の高い未来像を視ていきます。

「単に、自分の願望が視えるだけじゃないの?」「妄想かもしれない」といった不安は、透視の前にゴミ箱に捨てて消去しましょう。

じつは、あなたが透視する「未来」が、「願望」や「妄想」だと思っていても、不安感さえ抱かなければ問題ありません。なぜなら、あなたはその画像をどこかに存在するエネルギーとしてキャッチしたということだからです。言い換えれば、エネルギーとしてすでに、宇宙(パラレルワールド)に「あった」から透視できたのです。

自分自身と、視えた画像を信頼し、「こんなことが叶うんだ!」と受け入れると、

あなたの望む未来がより実現しやすくなります。でも不安感があると、望む未来を「ありえない」と追いやってしまいます。

パラレルワールドには無数の「未来」があります。あなたの望む未来を透視すれば、その中から、最高の未来を選べるのです。未来がリアルに視えれば視えるほど、現実化しやすくなりますから、細部までありありと透視してください。

＊　＊　＊

○目を閉じ、「ハイアーセルフとつながる基本瞑想」（129ページ）をおこないます。

オーラの外に、イメージでドアを作ります。

ドアを開け、その向こう側に入り、後ろ手でドアを閉めます。

目の前に階段があります。上がっていってみましょう。

1段、2段、3段、4段、5段、6段、7段、8段、9段、10段。

階段を上り切りました。

そこに、またドアがあります。

ドアを開けて中に入り、後ろ手でドアを閉めます。

そこは、あなたの未来が上映される、あなただけのプライベート・シアター（映画館）です。

好きな席に座ってみましょう。

前方には大きなスクリーンがあります。

部屋全体が暗くなり、スクリーンが白く浮かび上がります。


上映開始です。


スクリーンには、今現在のあなたが映し出されました。

あなたは、どんな状態でしょうか？

職業は？　表情は？　周りに誰かいるでしょうか？
どんな会話をしているでしょうか？　服装はどうでしょう？
家の様子は？　どんなところに住んでいるでしょうか？
今のあなたの1日をしばらく鑑賞してみてください。

次に、1年後のあなたの状態が映し出されました。

あなたは、どんな状態でしょうか？
職業は？　表情は？　周りに誰かいるでしょうか？
どんな会話をしているでしょうか？　服装はどうでしょう？
家の様子は？　どんなところに住んでいるでしょうか？
1年後のあなたの1日をしばらく鑑賞してみてください。

次に、5年後のあなたの状態が映し出されました。

あなたは、どんな状態でしょうか？
職業は？　表情は？　周りに誰かいるでしょうか？
どんな会話をしているでしょうか？　服装はどうでしょう？
家の様子は？　どんなところに住んでいるでしょうか？
5年後のあなたの1日をしばらく鑑賞してみてください。

次に、10年後のあなたの状態が映し出されました。
あなたは、何歳で、どんな状態でしょうか？
職業は？　表情は？　周りに誰かいるでしょうか？
どんな会話をしているでしょうか？　服装はどうでしょう？
家の様子は？　どんなところに住んでいるでしょうか？
10年後のあなたの1日をしばらく鑑賞してみてください。

次に、明日のあなたの状態が映し出されました。
明日あなたは、どんな様子でしょうか？

職業は？　表情は？　周りに誰かいるでしょうか？

どんな会話をしているでしょうか？　服装はどうでしょう？

家の様子は？　どんなところに住んでいるでしょうか？

ラストシーンには、今から10年後までの間で、「もっとも理想的なときの自分」が上映されます。しばらく鑑賞しましょう。

スクリーンショットを撮るような気持ちで、その場面を切り取ってください。

その場面は、あなたの後頭部にあるメモリーバンクに保存され、やがて現実化します。

……では、名残惜しいですが、元いた部屋に戻ります。

映画館の入口まで戻ります。

ドアを開け、ドアの向こう側に出て、後ろ手でドアを閉めます。

目の前に下りの階段があります。１段ずつ下っていきましょう。

1段、2段、3段、4段、5段、6段、7段、8段、9段、10段。

階段を下り切りました。

そこに、ドアがあります。

ドアを開けて中に入り、後ろ手でドアを閉めます。

自分の体を見つけます。エネルギー体のあなたが肉体へと入っていきます。

足は足に入り、腰は腰に、胸は胸に、腕は腕に入ります。

顔は、正面を向いて入ります。

肉体にすべて入ったら、自分の第1チャクラからグラウンディングコードが地球の中心まできちんと降りているのを確認します。

上半身を前に倒してアースします。

大きく深呼吸をして、ゆっくりと目を開けます。

Memo

○目を閉じておこないましょう。
○すべての手順を省かず、必ず行きと同じルートを通って帰りましょう。
○素晴らしい未来像を視たのに、「これは私の誇大妄想だ」「こんな未来が来るわけがない」という思いが湧いた場合は、その思いをゴミ箱に捨てて消去しましょう。
○望まない未来が視えたとしても問題ありません。それは「怖れ」が影響しています。浄化のチャンスがきたということですから、その未来や嫌な気分や怖れの感情をゴミ箱に入れてください。改めて、また透視していけば、自分が叶えたい未来を忠実に透視できるようになります。
○うまく透視できないときは、単に慣れていなかったり、コンディションが悪かったりする場合もありますが、自分で「視えない」と決めている可能性もあります。「私に透視能力なんてない」「本当は視たくない」など、湧いてくる思いをゴミ箱にすべて捨て、オーラを浄化しながら、改めて練習していきましょう。不要な思い込みや感情を捨て続けるうちにエネルギーが変わり、透視できるようになります。
○この透視は、特に、「自分の目標を定めたいとき」「行動力を高めたいとき」におすすめです。

この映画館には、いつでも訪れることができます。

慣れてくれば、わざわざ映画館まで行かなくても、スクリーンを出して未来を映し出せるようになるでしょう。

繰り返せば繰り返すほど、現実の人生も望む方向へスムーズに進むようになっていくので、行きたい未来へあなたを運ぶひとつのツールとして、続けていきましょう。

Column

なぜ、未来が透視できるのか

なぜ来てもいない未来が視えるのか、不思議に思うかもしれませんね。そのしくみについてお話ししましょう。

私たち透視リーダーは、お客様のオーラを透視して、選択可能な未来をお伝えすることがあります。

それができるのは、パラレルワールドにある画像を「可能性のひとつ」として視ているからです。パラレルワールドとは、この世界と並行して存在する世界で、無数にあるとされています。そして、私たちの生き方次第で、どのパラレルワールドにも移動できると言われています。

透視をすると、「今の生き方であれば、やってくる可能性が高いパラレルワールドの未来像」が視えるのです。

たとえば、未来のパートナーがもうすぐ現れたり、今すでに近くにいたりする場合、その相手の風貌《ふうぼう》や雰囲気、髪型まで描写できるほどハッキリ視えるので、それをお伝えします。

しかし、お客様自身の準備ができていない場合は、ハイアーセルフが画像をハッキリと視せてくれません。相手と出会える状態まで魂が成長し、2人の波動が合っていない段階では、ハイアーセルフの作戦会議で、GOサインが出ないのです。

その場合は、ハイアーセルフに「いいパートナーと早く出会うためにはどうすればいい?」と質問して透視すれば、パートナーに出会える未来へ近づく方法を教えてくれます。

透視ワーク②

「これから引き寄せられるもの」を視る

透視によって、これからあなたに引き寄せられるものを視ることができます。

心理学で「タイムライン」と呼ばれる時間の流れをスクリーンに映し出し、引き寄せたいものを視ていきましょう。

この透視ワークは、オーラが浄化されればされるほど上手にできるようになります。ハイアーセルフとつながる基本瞑想を続けながら、上達に向けて楽しんでください。

* * *

◯目を閉じ、「ハイアーセルフとつながる基本瞑想」（**129ページ****）をおこないます。**

額の30センチほど前に、スクリーンをイメージで用意します。

自分の目の前から、奥に向かって伸びるまっすぐな道を、スクリーンに映し出します。

その道に、あなたが欲しいものを時系列で置いていきましょう。
奥に向かうほど、未来になります。

スクリーンに映し出された道に、もし障害物や、あなたの望まないものが置かれていたら、それをひとつずつ取り除いて、オーラの外にあるゴミ箱に入れ、ゴミ箱ごと消去してください（障害物を取り除くことで、望むものを手に入れることを阻んでいるエネルギー〔抵抗〕が取り除かれ、願望が叶いやすくなります）。

引き寄せたいものを十分に透視し、障害物をすべて取り除いたと感じたら終了です。

地球にしっかりとグラウンディングされていることを確認します。
上半身を前に倒し、トランス状態のエネルギーをアースするようにしてください。
ゆっくりと起き上がったら、目を開けます。

Memo

○欲しいものをイメージする際には、たとえば、バッグやジュエリー、家、あるいは、デートや旅行での一場面など、あなたが引き寄せたいと思っているものや状況を具体的に思い浮かべていきましょう。

○引き寄せが起きないとき、「なぜ引き寄せられないのかな」「何がブロックしているのかな」とハイアーセルフに聞くか、原因を透視してみましょう。すると、オーラの中に邪魔するエネルギーがあることに気づけるでしょう。

○オーラの状態が整ってくると、引き寄せを意図しなくても、必要なものが自然にやって来るようになります。

ただし、結果（引き寄せたいもの）だけを求めすぎるのは、ハイアーセルフの目的ではありません。ハイアーセルフが目指すのは、経験を通して魂が成長することです。楽しいこと、やりたいことをやっていった先に結果があるということを忘れないでください。

透視ワーク③
インナーチャイルドを癒す

インナーチャイルドとは、私たちの中にいる「子どもの自分」です。

お客様を透視していると、大人になっても、子どもの頃に満たされなかった思いや傷ついた心が癒されず、人生に影響を与えているケースに多く出会います。

インナーチャイルドは、オーラの中で強いエネルギーを保持した画像となっていることが多く、癒されていないと様々な場面で影響を及ぼしてしまうのです。

インナーチャイルドを癒すためのプロのセラピストやカウンセラーもいますが、透視をすれば、自分自身で癒すことができます。

いつまでも、幼い頃にあなたを傷つけた人（両親や友人、先生）を悪役にしているだけでは、何の解決にもなりません。彼らは、あなたの人生における「筋トレのトレーナー」です。相手との関係があったからこそ、あなたは成長することができました。

そろそろ、子どもの頃に受けた心の傷やトラウマは手放しましょう。

透視で、子どもの頃のあなたに会いに行き、その子の願いを聞いて、一緒に遊んであげてください。

大人になったあなたが、インナーチャイルドを癒すことで、長年あなたを縛っていた制限が外れ、一気にシフト（霊的成長）が加速していきます。

＊　＊　＊

○目を閉じ、「ハイアーセルフとつながる基本瞑想」（129ページ）をおこないます。

オーラの外に、イメージでドアを作ります。

ドアを開け、ドアの向こう側に入り、後ろ手でドアを閉めます。

目の前に下りの階段があります。下りていってみましょう。

1段、2段、3段、4段、5段、6段、7段、8段、9段、10段。

階段を下り切りました。

そこに、またドアがあります。
ドアを開けて中に入り、後ろ手でドアを閉めます。

広い部屋に入りました。

部屋の中には、小さい頃のあなたがいます。
少し離れた場所から観察してみます。

何歳のあなたでしょうか？
どんな様子でしょう。

表情は？　服装はどうでしょう？
何をしているでしょうか？　楽しそうですか？　悲しそうですか？

近寄って声をかけてみましょう。

「こんにちは、私は、未来から来た大人のあなたです」

と自己紹介してください。

さらに、「あなたに会いに来て、あなたを助けたいと思っています」

と伝え、小さいあなたの要望を聞いてあげましょう。

一緒に遊ぶことでも、おしゃべりをすることでも構いません。

小さいあなたが望むことを、大人になったあなたが叶えてあげます。

そうやって、しばらく一緒に過ごしてみてください。

小さいあなたの様子は、出会ったときと変わったでしょうか?

表情はどうでしょう?

願いを聞いてあげられたでしょうか?

もし、小さいあなたが元気になっていたら、「楽しかったね」と言いましょう。
まだ解決していないようだったら、「また必ず来るね」と約束してください。

……では少し名残惜しいですが、今日はいったん帰ることにします。

部屋の入口まで戻ります。
目の前に上りの階段があります。1段ずつ上っていきましょう。
1段、2段、3段、4段、5段、6段、7段、8段、9段、10段。
階段を上り切りました。

そこに、ドアがあります。
ドアを開けて中に入り、後ろ手でドアを閉めます。

自分の体を見つけます。エネルギー体のあなたが肉体へと入っていきます。

足は足に入り、腰は腰に、胸は胸に、腕は腕に入ります。

顔は、正面を向いて入ります。

肉体にすべて入ったら、自分の第1チャクラからグラウンディングコードが地球の中心にきちんと固定されているのを確認します。


上半身を前に倒してアースします。

大きく深呼吸をして、ゆっくりと目を開けます。

Memo

○子どもの頃の自分に寄り添うような気持ちで接しましょう。
○透視するたびに、子どもの自分の年齢が変わっても構いません。多くの場合、そのときに一番癒してあげるべき状況を視ることになります。また、あらかじめ年齢を設定して透視してもOKです。
○1回で元気になってもらえなくても大丈夫です。約束をすればまた会えますし、待っていてくれます。

私の場合は、3回目くらいからようやく笑顔になり、5回目を過ぎた頃に、自分自身が楽になりました。

◯この透視を続けると、自己否定感や無力感が癒され、自分の状況は自分自身で変えられ、また、問題も自ら解決できるという確信と自信が生まれます。さらに、未来を肯定的に捉えられるようになっていきます。

◯特に、腰を据えて自分自身と向き合い、殻《から》から抜け出したいとき、ネガティブ思考を手放したいときにおこなうといいでしょう。

透視ワーク④
女神にメッセージをもらいにいく

春分・夏至・秋分・冬至など季節の節目は、地球のエネルギーが大きくシフトするときです。当然、地球上に住んでいる私たちもそれに合わせて変化します。また誕生日、卒入学、入社、転職、結婚など人生の節目も、エネルギーが大きくシフトします。

そんなタイミングで、あなたを守る女神を透視し、必要な言葉や「贈り物」をもらいましょう。次元を越えて、神聖なエネルギーに触れることで、よりシフトがスムーズになります。

＊　＊　＊

○目を閉じ、「ハイアーセルフとつながる基本瞑想」（129ページ）をおこないます。

これから宇宙に行って、あなたと縁のある女神にメッセージをもらいます。

あなたの肉体に「今からちょっと体を抜けて、宇宙旅行に行ってきます。でも必ず帰ってくるので、心配しないでね」と伝えてあげてください。

目を少しだけ開けて、部屋の天井の一角を決めます。決めたら、ふたたび目を閉じます。

肉体から抜け出してエネルギー体となり、今決めた部屋の天井の角まで上がります。

そこから、建物の屋根まで上がり、空へと向かいます。月を目指して、どんどん上昇していきましょう。ふと振り返ると、日本が小さく眼下に見えます。

もっと、上がっていきます。成層圏の端まで来ました。足元に目を向けると、地球が見えます。もっともっと、上がってみましょう。

とうとう、月までやってきました。
そこから、あなたに縁のある惑星へと行きましょう。
（「私に縁のある惑星まで行く」と決めれば移動できます）

さあ、縁のある惑星につきました。
少し、周りを見回してみましょう。
どんな気分でしょうか？　懐かしい感じがするでしょうか。

では、女神を呼んでみましょう。
「来てください」と言えば、女神は必ず来てくれます。
姿が見える場合もあるし、気配だけが感じられるときもあるかもしれません。

女神がやってきました。

「こんにちは」と挨拶《あいさつ》をして、少しお話をしましょう。

今あなたが抱えている問題を相談してもよいし、近況報告でも構いません。

リラックスして、あなたの話したいことを何でも話してみてください。


では、女神に、「今の自分に必要なメッセージ」を聞いてみましょう。


次に、何か「贈り物」をもらってください。

「ありがとうございます」とお礼を言ってください。

……では、少し名残惜しいですが、またここにはいつでも来られるので、今日は帰ることとします。

女神と出会った惑星から、月まで戻ります。

月から、成層圏の端まで下ります。

眼下に日本が見える距離まで下ります。


自分の体がある建物を探します。

建物の屋根まで下ります。

片足から、そおっと建物の中に入ります。


あなたが出てきた天井の一角に戻ります。


自分の体を見つけます。

エネルギー体のあなたが肉体へと入っていきます。

足は足に入り、腰は腰に、胸は胸に、腕は腕に入ります。

顔は、正面を向いて入ります。

肉体にすべて入ったら、自分の第1チャクラからグラウンディングコードが地球の中心にきちんと固定されているのを確認します。

上半身を前に倒して、アースします。

大きく深呼吸をして、ゆっくりと目を開けます。

Memo

◯女神にもらった「贈り物」については、どんな意味があるかや何の役に立つかなど、その場でピンとこなくても構いません。数日、または数カ月後にわかることもあるので、手帳やメモに、何をもらったのか、忘れないようにメモしておくとよいでしょう。

私の場合、以前「焦らず、今できることを続けておきなさい」というメッセージと、「ペン」の贈り物を受け取りました。どんな意味があるのか、そのときはまったくわかりませんでしたが、ほどなくして、今回の出版のオファーをいただきました。

◯自分自身が以前から欲しかったメッセージや贈り物が出てきても、失敗ではありません。たとえ、それが自分の願望と同じだったとしても、どのような形で現実とつながるか、経過を楽しみに待ってみてください。慣れてくると、何が出てきても、ただ透視することを楽しめるようになるでしょう。

Column

透視に使える質問リスト

これからあなたが、状況に合わせて透視を応用できるように、私が自分をリーディングする際にも使っている便利な「質問の雛型《ひながた》」をご紹介します。

日常で迷うことがあったとき、次の質問例を参考にして、ハイアーセルフに問いかけてみてください。解決のヒントになるようなシーンが視えたり、言葉がやってきたりするでしょう。透視ワーク：基本②（147ページ）を応用して透視していきましょう。

○仕事や経済面に関する質問

・私は本当に今の職業と調和していますか?
・今以上に収入が増えることを阻んでいるのは何ですか?
・私がうまくお金を稼げる能力は何ですか?
・人生を繁栄に導くために、私には何ができますか?
・私が今後、仕事で生かせる能力は何ですか?
・私が仕事でもっとも優先すべきことは何ですか?

○恋愛や結婚に関する質問

・本当に今のパートナーと調和していますか?
・今以上に愛(信頼・共有する時間)が増えることを阻んでいるのは何ですか?
・2人の人生でもっとも優先すべきことは何ですか?

・パートナーを繁栄に導くために、私には何ができますか？
・今、これ以上家族が増えることを阻んでいるのは何ですか？
・うまく結婚生活（パートナーシップ）を続けるために、私には何ができますか？
・私がパートナー選び（結婚生活）でもっとも優先すべきことは何ですか？
・婚活を成就に導くために、私には何ができますか？

〇人間関係に関する質問

・〇〇との関係において、私が学ぶべき課題は何ですか？
・このコミュニティにもっとも貢献できる私の能力は何ですか？
・人間関係全般において、私が持っている怖れは何ですか？
・〇〇を成功させるために私に必要な人にはどこで出会えますか？

・AさんとBさん、どちらとチームを組むといいですか？　また、その理由は？

○人生全般に関する質問

・このことから何を学ぶ必要がありますか？
・今年、私がもっとも積極的にかかわる必要があることは何ですか？
・今、訪れておいたほうがいい場所はどこですか？　また、その時期は？
・私が学ぶべきことや習得しておいたほうがいいスキルは何ですか？
・今、優先して改善すべき私の癖や習慣は何ですか？
・健康のために心得ておいたほうがいいことは何ですか？
・○○を成就させるためにどんな準備が必要ですか？

透視力を磨くための3つのポイント

すぐにハッキリ視えなくても、焦らない

初心者がつまずく原因のひとつに、テレビをパチッとつけたら映像がパッと映るように、ありありとすぐに視覚化できると思い込みすぎていることがあります。

もちろん慣れれば、そのくらい簡単に透視できるようになりますが、はじめは「そうかもしれない」「視えるような気がする」という感覚を大事にしていきましょう。

たとえば、スクリーン上に何も視えなかったり、出てきた画像の意味がわからなかったりしたとしても、「間違い」や「失敗」ではありません。

「わからない」「視えない」こと自体も、ひとつの情報です。ハイアーセルフに「な

ぜ視えないの？」と聞いてみるのもいいでしょう。あるいは、「わからないから、わかるように教えて」「ちゃんと視えるようにして」と頼みましょう。

同時に、視えなかったという事実や意味のわからなかった画像をゴミ箱に入れて消去しましょう。

初心者のうちは、「透視する」ということに怖れを抱きやすいものです。これは、プロを目指して透視を学んでいる生徒でもよくあることなのです。特に、大事な情報を知ろうとすればするほど、「自分が望まないものが視えたら、どうしよう」といった怖れを抱きやすくなります。すると、かえって透視しづらくなってしまうのです。

あなたは、お正月休み明けに、暴飲暴食の結果と向き合うべく体重計にのるのを怖れたことはないですか？　それは真実を知ると揺れる自分、対処しなくてはいけない自分と出会うからですよね。透視も一緒なのです。真実を知ることは、誰でも怖がります。

「視る（知る）準備」ができていないうちは、視えにくいことはよくあります。

しかし、**「視えない」という事実や、「どうして視えないのだろう」といった疑問の**

エネルギーもゴミ箱に入れて消去していくうちに、「怖れ」のエネルギーは、小さくなっていきます。すると、自分自身をジャッジすることなく「ただそうなんだ」と受け入れられるようになります。次第に自分を知ることや透視することに怖れを抱かなくなりますので、上達も早くなります。

ですから、「最初からうまくいかないのは当たり前」と思って、「わからない」「視えない」というエネルギーをゴミ箱に入れて消去することを淡々と続けていくと、意外に早い段階で透視の感覚がつかめます。

また、たとえ時間がかかったとしても、その過程でオーラがきれいになるので、実生活に変化が起こります。生きやすくなるのを実感しつつ、取り組んでいけるでしょう。

視えたものを受け入れる

透視で視えた画像が、単なる思い込みや妄想ではないかという不安や疑いが浮かんできたら、そのエネルギーも消去していきましょう。

まずは「視えたものを否定しない」という姿勢が重要です。視た時点で正解を探す必要はありません。「あ、これが視えた」というその事実があれば、それでＯＫ。極論ですが、たとえそれが思い込みや妄想であっても、あなたが得た情報です。その情報を受け入れることは、あなた自身を受け入れることと同じです（否定する気持ちが湧いたら消去します）。その透視を生かしていこうと行動していけば、魂は進化し、人生が楽しくなっていきます。

オーラの浄化とグラウンディングを続ける

クリアに透視ができるということは、オーラもクリアに浄化されている証しです。オーラの浄化が進めば進むほど、ハイアーセルフとのつながりも強くなります。それは、まさに自分の使命を迷いなく生きている状態といえます。人の周りを取り巻くオーラは、その方の「人生の書」。あるいは「小宇宙」と言われるほど「その人物について」の情報が詰まっています。

浄化されたクリアなオーラは、その方だけの情報やエネルギーで満ちた状態です。

言い換えるなら、オーラの中には、その方のハイアーセルフが、今生で達成したい使命に必要な情報とエネルギーで満ちているということです。その状態であれば、透視を習得していない人がその方を観察しても、非常に生命力にあふれ、前向きな人生を生きていることがハッキリと見てとれるでしょう。

一方で、浄化ができていないオーラは、自分以外の情報がオーラの中に入り込むことを許してしまっている状態です。

すると、自分自身が違和感を覚えるだけでなく、他者から見ても「あの人はもっと他にできることがあるのではないか？」と言われたり、「どこか無理しているよね」と、その方自身の魅力が半減して見えたりしてしまいます。

つまり、クリアに透視をするためだけでなく、自分の人生の見通しを明るくするためには、他者のエネルギーや古い価値観といった自分の使命に必要のないエネルギーはどんどんオーラの外に出して浄化する必要があるのです。

そして、浄化されたクリアなオーラをまとった私たちが今生の使命を達成する場所は、言うまでもなくこの地球です。地球にしっかりとグラウンディングし続けることで、使命の実現化が進むのです。

本来、グラウンディングがしっかりできていて、オーラがきれいに浄化されていれば、透視を邪魔するエネルギーがないため、「いざ透視します」と肩に力を入れてがんばる必要もありません。

まるで映画館の座席に座って、当たり前に上映が始まるのを待っているときのように、目の前のスクリーンに何が映し出されるのかワクワクしていればOKになるのです。ですから、「視る！」とがんばるよりも、オーラの浄化とグラウンディングを続けて、「視える状態」でいることに意識を向けましょう。

オーラが浄化されグラウンディングできていれば、特別に何かを望まなくても、ただ自分の人生を歩んでいくだけで、あなたの人生を輝かせるものが、未来に自然と置かれていくようになるのです。

私自身、透視を学び始めてから、あれよあれよという間に人生が大きく変わっていきました。安定した職を捨てて独立したときは、周囲から心配されましたが、これといって派手な宣伝や営業をしなかったのに、口コミでどんどん活動が広がっていったのです。

透視を続けてオーラがきれいに浄化されれば、必ず人生がスムーズになり、どこにも力みがなく、与えられているものだけで楽に生きていけるようになっていきます。

Lesson

5

透視の応用
日常で使う

日常の中で、透視を生かしていこう

レッスン5では、日々の様々な場面で使っていける透視をご紹介します。あなたの問題や願望に合わせて、随時《ずいじ》おこなってみてください。

透視ワーク⑤

【恋愛・結婚】気になる人やパートナーとの相性

恋人や結婚相手との関係は、人生に大きな影響を与えます。
「あの人との関係は今後どうなるだろう」「2人の問題を解決するためにどんなことができるのだろう」ともんもんと悩む前に、あるいは、感情を相手にぶつけてトラブルになる前に、２人の関係を透視して、ハイアーセルフに解決法を聞いてみましょう。

＊　＊　＊

○目を閉じ、「ハイアーセルフとつながる基本瞑想」（129ページ）をおこないます。

額の30センチほど前に、イメージでスクリーンを用意します。

スクリーンに、自分と相手を映し出します。

2人の間に、あなたの好きな鉢植えの植物を置いてください。花の鉢植えでもいいですし、観葉植物でも構いません。

その状態から、映像を少し早送りで進めてみましょう。

……植物の状態はどうでしょう？　変化が視えましたか？

早送りした際に、植物の状態が元気であれば、問題はありません。

しかし、植物が枯《か》れたり、元気がなくなったりしてしまったら、2人のエネルギーが不調和を起こしています。何が原因か、ハイアーセルフに聞いてみましょう。

そして、その不調和を改善するために必要な「自分ができる対処法」を教えてもらいましょう（相手を変えることはできません）。


もし、よくわからなかったら、その「わからない」というエネルギーを、オーラの外のゴミ箱に入れて、消去してください。

1回でエネルギーが取り去りきれていない気がしたら、何度かゴミ箱に入れて消去を繰り返してみてください。


それでも答えがわからない場合は、ハイアーセルフに「近いうちにわかるように教えてね」と伝えましょう。

すると後日、透視した際に対処法が視える場合もあれば、テレビや本、誰かがふいに発した言葉などから伝えられる場合もあります。

いつもハイアーセルフに質問を投げかけることでつながりが太くなり、より答えを受け取りやすくなっていきます。

Column

ハイアーセルフが教えてくれたパートナー

透視ワークのバリエーションのひとつとして、ハイアーセルフに質問して、人生のパートナーを見つけた友人Xさんのエピソードをご紹介しましょう。寝る前にハイアーセルフに質問しておくと、夢の中や起きたときのインスピレーションで答えをくれることがあるのです。

Xさんは、ハイアーセルフに「もし、私が結婚できるのであれば、その結婚相手を視せて」と頼んだそうです。すると、ぼんやりした顔のイメージと、ズボンの上にポコンとはみ出している男性のおなかの画像が視えたそうです。

「なぜ、こんな画像を視たのだろう」と不思議に思っていたところ、仲良しグループでキャンプに行く機会がありました。

川遊びをしようと、男性陣が海パンになったときのことです。Xさんはその中のひとりが、以前視た画像とそっくりのおなかをしていることに気づき、「あ、この人なんだ」とわかったそうです。

その後、自然に2人はつきあい始め、結婚することになりました。

これは、結婚後にその友人から聞いた話です。彼女は結婚するまで、自分の視たビジョンを誰にも話さなかったそうです。人に話して、よけいな情報やジャッジが入るのが嫌だったのだとか。賢明な判断だったと思います。

自分の透視を信頼し、淡々と過ごしていると、望む未来や幸せをつかみやすくなる。そんな大事なことを教えてくれるエピソードです。

透視ワーク⑥
【お金】収入や貯金を殖《ふ》やす

お金はエネルギーなので、実態がありません。電気と一緒で、エネルギーの使いどころが必要です。ですから、いくら「〇〇円欲しい！」と金額だけ設定して願っても、何に使うのか目的がなければ現実化にはいたりません。

自分の人生で、お金を使って何を実現させたいかをハッキリ設定してください。

私たちも肉体があるから、この三次元で生きられるのであって、エネルギー体のハイアーセルフだけでは何も実現できないのと同じです。

先に「使い道」を決めれば、それを現実化するために必要な分のエネルギー（お金）が用意されるので、何に使いたいのかをきちんとイメージしておきましょう。

たとえば、老後の資金が欲しいと思ったとしたら、漠然と「このくらい欲しいなあ」と思うのではなく、「年2回は海外旅行に行きたい。週末は星つきレストランでディナーをしたい。車は〇〇車の〇〇クラス。家は〇〇区の高級低層マンションを所有」のように具体的にイメージしてください。
その後にこの透視ワークをおこなえば、宇宙にあなたの欲しいだけのお金をオーダーできます。これはそのくらいパワフルな透視です。

＊　＊　＊

〇目を閉じ、「ハイアーセルフとつながる基本瞑想」（129ページ）をおこないます。

額の30センチほど前に、イメージでスクリーンを用意します。
あなたの欲しいものをスクリーンに映し出しましょう。
できるだけ詳細に映してください。
もし家が欲しいとしたら、屋根や壁はどんな色で、どのくらいの大きさか。
どんな土地に建てたいか。
旅行に行きたいのなら、旅先で観光している姿やリラックスしている様子など。

まるで映画を観るように、できるかぎり詳しく映し出していきます。

もっとも欲しいものを映し出したら、スクリーンショットを撮るように、視た画像を切り取ってください。その場面は、あなたの後頭部にあるメモリーバンクに保存され、やがて現実化します。

グラウンディングコードを確認します。

上半身を前に倒してアースします。大きく深呼吸して、ゆっくりと目を開けます。

Memo

○「叶わない」という怖れや焦燥感が湧いてくるようであれば、随時、その感情をゴミ箱に入れて消去していってください。ビジョンの透視を純粋に楽しんで、「叶ったら楽しいな～」という程度の軽やかなエネルギーでおこなう方が効果的です。また普段は、自分の願望を忘れているくらいの方がビジョンが実現化しやすくなります。

○願望が執着にならないように、毎日おこなったり、自分が「頻繁にやっているな」と感じるくらい繰り返したりするのは避けましょう。

透視ワーク⑦

【仕事】結果を出したい、出世・転職したい、天職を見つけたい

仕事面での願望を叶え、自己実現していきたい場合は、まず自分の「なりたい姿」を透視で明確に視る練習をしましょう。

目標を紙に書いたり、アファメーション（肯定的な宣言）を唱えたりすることも、ひとつの願望成就の手段ですが、願いをイメージ（画像）で描くと、現実化がより近くなります。実際のクリエイティブな作業工程同様、完成予想図や模型ができているときは実現化に向けて具体的に動き出した状態だからです。

理想の自分を、細部まで詳しく楽しみながらビジュアル化していきましょう。

＊　＊　＊

○目を閉じ、「ハイアーセルフとつながる基本瞑想」（129ページ）をおこないます。

額の30センチほど前に、イメージでスクリーンを用意します。

スクリーンの左半分に、現在の自分を映し出しましょう。


今のあなたは、どんな様子でしょうか？

服装や表情はどうでしょう？

どんな仕事をしていて、どのように1日を過ごしているでしょう？

健康状態はいかがでしょう？

生活習慣はどうでしょう？

今の自分は何点くらいでしょうか？


次に、スクリーンの右半分に、自分の「なりたい姿」「100点満点の自分」を映し出してください。

服装や表情はどうでしょう？

何の職業に就き、どこに住んでいますか？

１日の過ごし方はどうでしょう？
そばに誰がいるでしょうか？
どんな人たちと交流があるでしょうか？
健康状態はどうでしょう？
理想的な体重でしょうか？
生活習慣はどうでしょう？

この理想的な自分は、何年後の自分でしょうか？

もし、理想的な自分を否定するような感情が湧いてきたら、オーラの外にイメージでゴミ箱を作り、その中に入れてゴミ箱ごと消去します。

細部まで十分に理想的な自分を描けたら、スクリーン右側の画像をスクリーンショットの要領でカシャッと切り取ります。その画像は、あなたの後頭部にあるメモリーバンクに保存しましょう。

グラウンディングコードを確認します。

上半身を前に倒してアースします。大きく深呼吸して、ゆっくりと目を開けます。

Memo

◯この瞑想は、何度おこなっていただいても構いません。特に、寝る前におこなうとよいでしょう。

◯一度描いた「理想的な自分」の姿は、更新しても大丈夫です。

◯「絶対叶わなければ嫌だ」という執着心や「叶わないかもしれない」という不安は重いエネルギーなので、自己実現のスピードを阻み、現実化を遅くしてしまいます。これらの感情も、オーラの外のゴミ箱に入れて消去してください。

透視ワーク⑧

【人間関係】相手のハイアーセルフにお願いしておく

誰かに対して言いたいことがあるとき、直接ぶつけると角が立って関係が悪化することがあります。しかし、相手のハイアーセルフにお願いすれば、直接言いづらいことも、うまく取り計らってくれます。

恋人や家族とケンカしたとき、同僚や上司に伝えたいことがあるときなど、このワークを活用してください。

オーラの中から、不要なエネルギーが消えるほど波動が高くなるので、高い波動（愛）の人間関係を構築できるでしょう。また、このワークをおこなえば、自然にゴシップや悪口などから縁遠くなり、ネガティブな噂話も耳に入らなくなっていきます。

＊　＊　＊

○目を閉じ、「ハイアーセルフとつながる基本瞑想」（129ページ）をおこないます。

自分の体から1.5メートルくらい離れたところに、イメージで椅子を用意します。
相手の姿を思い浮かべ、その椅子に座ってもらいます。
相手の頭上の1.2メートルくらいのところに、相手のハイアーセルフを呼び出します（「来てください」と言えば、必ず来てくれます）。

相手のハイアーセルフに、「こんにちは」と挨拶をしてください。
相手に対するあなたの願いを、相手のハイアーセルフに伝えます。

あくまでも「お願い」なので、相手の自由意志をおびやかすようなことは聞いてもらえません。

しかし、ケンカの後などで相手に言いたいことがあるのなら、「私は今こう思っています」と、自分の気持ちを伝えるのは構いません。

一通り話せたら、相手のハイアーセルフに「ありがとうございます。よろしくお願いします」とお礼を言い、帰ってもらいます。

相手のイメージと椅子は、オーラの外のゴミ箱に入れて消去します。

グラウンディングコードを確認します。

上半身を前に倒しアースしてからゆっくり起き上がり、大きく深呼吸して、目を開けます。

Memo

○この透視は、相手をコントロールするようなことには使えません。使おうとすれば、自分自身にカルマが生まれますので、注意してください。
○睡眠前におこなうと効果的です。
○次の例のような、直接本人に伝えるにはちょっと気が重いことを相手のハイアーセルフに言っておくと、うまく取り計らってくれるでしょう。
「やっぱり私は、○○の件について、まだ納得がいっていません」

「次のデートの約束を早めに決めて欲しいな〜」

「今度の帰省には、『結婚はまだか?』とか『見合いをしろ』と言われたくないの」

透視ワーク⑨

【健康】体をすこやかに保つ

肉体は、ハイアーセルフがこの人生で達成したい使命を実現してもらうための大切な乗り物です。

しかし、現代の私たちは高い生産性を求められて、仕事が集まる人ほど、つい体のケアをおろそかにしてしまうため、そのつながりは失われがちになっています。

日常的に肉体の声をしっかり聞いて、信頼関係を築きましょう。そうしないと、体は痛みや不具合を発症させ、「自分（肉体）の声を聞いて！」と注意を促さざるを得なくなってしまいます。

肉体が悲鳴をあげる前に、その声をきちんと聞く習慣をつけましょう。

すると、あなたと肉体との信頼関係が増し、良好な健康状態を保てるようになります。その結果、活動量が増えてもいつもエネルギーにあふれ、持久力もアップします。

たとえば、「毎週月曜日は、透視で肉体と話す日」と決めて、定期的にこの透視をおこない、絆を深めていってください。

＊　＊　＊

○目を閉じ、「ハイアーセルフとつながる基本瞑想」（129ページ）をおこないます。

額の30センチほど前に、イメージでスクリーンを用意します。

あなたの肉体に、「こんにちは」と挨拶をしてください。

そして、「今週中にして欲しいこと」があるか聞いてください。

たとえば、ゆっくりお風呂に入るシーンやエステを受けているシーンが視えたら、肉体に「今週、○○（透視したこと）をやります」と約束します。

複数ある場合は、そのリストをスクリーンに映してもらいましょう。

たくさんのリクエストがあった場合は、その中から、必ず守れる約束をひとつだけ選び、肉体に「〇〇をやる約束は必ず守ります」と約束します。

グラウンディングコードを確認します。

上半身を前に倒してアースし、その後ゆっくり起き上がり、目を開けます。

Memo

〇約束したことは、必ず守ってください。それにより、あなたが健康に過ごせるよう、肉体が協力してくれるようになります。

　もし実行不能な要望が返ってきたら、安請け合いしないで、体と交渉しましょう。ちなみに、先日私がこのワークをしたところ、体からは「休みをとって」と言われましたが、1週間以内には無理な要望でした。「できないから、他のことにして」と返すと「うなぎかお寿司が食べたい」と言われたので、握り寿司で手を打ちました。このように柔軟に対応すれば、無理することなく体との信頼関係を深められます。

〇はじめは、「体の声ではなく、妄想では？」と思っても構いません。定期的に質問して約束を守っていけば、そのうち健康状態が安定していることが体感できるでしょう。
○多忙なときほど、肉体に話しかけてあげてください。私は、徹夜しなければいけないときなど、「○曜日には休めるので、それまでよろしくお願いします」と話しかけるようにしています。
○もし体調を崩《くず》しても、肉体に対し「こんな大事なときになんてこと！」などと怒らないでください。むしろ、「無理をさせちゃって本当にごめんね」と謝ってから、肉体の要望を聞いてあげましょう。

透視ワーク⑩
【健康】不快なエネルギーを解放する

疲労感や眠気があるとき、寒さや暑さが厳しいとき、緊張感や不安感があるときなど、肉体が感じる不快感や痛みは、グラウンディングコードを使って素早く流してしまうことができます。

ハイアーセルフと良好なコミュニケーションを築くためには、肉体とつながり、肉体の声にも普段から耳を傾ける必要があります。自分の肉体と対話しケアしていくことも、使命を達成して霊的成長を遂げるための大事なミッションのひとつなのです。

肉体をケアしてエネルギーを整えるワークを続けると、透視の安定度も増します。シンプルですが、ダイレクトに肉体に働きかけ、元気を取り戻せるワークです。

＊　＊　＊

○目を閉じ、「ハイアーセルフとつながる基本瞑想」（129ページ）をおこないます。

グラウンディングコードを通じて、肉体が感じている不快なエネルギーを地球の中心まで流してください。

疲労感、倦怠感、眠気、寒気、のぼせ、緊張感や不安感、痛みなどの不快なエネルギーはすべてグラウンディングコードを通じて流してください（地球の中心に届いたエネルギーは、中立なエネルギーへと浄化され、自分に戻って来ます）。

上半身を前に倒しアースしてからゆっくり起き上がり、目を開けます。

Memo

◯不快なエネルギーだけを手放し、体の部位そのものは捨てないようにしましょう。

◯体のトラブルの理由をひとりであれこれ探ろうとしなくても大丈夫です。

たとえば、咳や喉のイガイガなどの症状があったとします。「人間関係に問題があるのかな」などと頭で考え始めても、本当の原因がわかるとは限りません。ですから、自分で原因を探ろうとするよりも、サッとその症状自体をゴミ箱に入れて消去したり、グラウンディングコードを通じて地球の中心へ流してしまったりして、不快なエネルギーは浄化してしまえばいいのです。

◯もし、食べ過ぎたり疲れていたりしたら、イメージでグラウンディングコードを降ろし、体を重くしているエネルギーを地球に流してデトックスすると、いつでも快適な状態でいられます。あわせて、オーラの中にある不要なエネルギーをゴミ箱に入れて消去すると、さらにエネルギーが軽くなるのでおすすめです。

Column

エネルギーワークで健康を取り戻せる

グラフィックデザイナーだった頃の私は、ワーカホリックでした。上昇志向でやる気に満ちていたわけではなく、どちらかというと120％がんばっている自分でいないと通用しないのではないか、という怖れに突き動かされていたのだと思います。

体調も優れず、しょっちゅう微熱があり、年に2回は39度の高熱を出していました。友人から電話がくると「また風邪をひいてるの⁉」とあきれられる始末で、心身ともに追い込まれているような状況でした。

そんな私が、エネルギーワークや透視を習い始めたとたん、寝込むことがピタッとなくなりました。

透視リーダーになり10年経ちますが、その間、お世話になったのは眼科と歯科だけです。セッションでお会いしたお客様に後から「インフルエンザウィルスに感染していたらしいのです。井上さん大丈夫でしたか?」と心配されても、一度も発症せずに済んでいます。

もともと体が丈夫でなかった私ですが、「忙しそうなのに、お元気ですね」とよく言われるようになりました。

病気になるのは、ハイアーセルフがメッセージを伝えたいのに伝わらず、強制的にストップをかけたときです。少し立ち止まって、自分の人生と肉体と霊性について深く考える時間を作ることをおすすめします。

しかし誤解を怖れずに言えば、病気はチャンスでもあります。体がサインを発しているときに深く自分を見つめられれば、病気をきっかけに人生を大きく好転させることができるのです。

透視を続けていくと、どんなときも自分を信頼できるようになる

これで、この本の透視レッスンは完了です。

レッスンの最後に、大切なことをお伝えしたいと思います。

これから透視を続けていくと、「なぜこんな情報が出てきたのだろう」「私が視たものは、間違っていないだろうか」と思うことが必ずあるでしょう。

しかし、湧き上がった思いは否定せず、オーラの外にどんどん出して浄化していってください。浄化が進んでいけば、本質的に、自分に必要な情報がわかるようになっていきます。

そして最終的には、自分で感じたことや視たことすべてを信じられるようになり、人の情報に頼ったり、世間や他人の価値観に振り回されたりすることなく、ハイアーセルフとつながりながら、問題を解決していけるようになります。

つまり、**自分で自分の人生を見通せるようになる**のです。


何があっても、どんなときも、自分を信頼できるようになる。

これが、透視からあなたが得る最高の宝物です。


必要な方が各自ご自身を透視できるようになれば、透視リーダーである私の仕事は不要になりますが、究極的にはそれでいいと思っています。

すべての人が自分自身を信頼し、自分で自分をケアするために透視を使っていただけるのなら、それは何にも増して素晴らしいことだからです。

透視ができれば、悩む時間を減らせます。

人生をショートカットして、あなたが決めてきた使命を最短でクリアできます。


ひとつの人生は、あっという間です。

今回、地球で過ごす時間を十分楽しむためにも、透視を思う存分活用して、あなた自身の手で幸せな毎日を創っていってください。

エピローグ

自分で自分を幸せにするために

最後までお読みいただきまして、ありがとうございました。

あなたの望む人生に役立ちそうなレッスンはありましたでしょうか。

少しでも気になったものがあれば、変化を体感できるまで、ぜひ続けてみてください。

透視や瞑想といったエネルギーワークの上達度は、〇×で採点されるテストの成績や数値で計れる筋トレなどと違って、自分で体感するしかありません。

中には体感を得られるまでに少し練習が必要なレッスンがあるかもしれませんが、習得できれば、一生をかけてあなたを支える杖《つえ》となってくれるはずです。

なぜそんな断言ができるのか……。何より私自身が、このスキルによって救われた者のひとりだからです。

「透視のレッスン本を書いていただけませんか？」と河出書房新社の飯島さんからご依頼いただいたとき、私はまず「読者の皆さんは〝透視〟に何を期待しますか？」とご相談しました。一言で〝透視〟といっても、そこからイメージするものは人により様々だと思ったからです。

しかし、飯島さんの答えは明確で、「自分で自分の問題に答えを出せるようになることです」とおっしゃいました。

その言葉を伺《うかが》い、「そうだった」と、私も本書を執筆するにあたり、自分の原点に回帰できました。

「地球は生きづらい」

これは、私が幼少の頃からスピリチュアルに出会うまで、ずっと自分の中にくすぶっていた思いです。

思いの理由を、生い立ちや環境のせいにすれば、いくらでも言い訳はできました。

しかし、憐愍《れんびん》に浸るだけでは、当然ですが何の解決にもいたりません。

「早く大人になって、自分で自分を幸せにしてあげたい」と思っていましたが、大人になっても外側の状況に翻弄《ほんろう》されるばかりでした。

レッスン1でも少しお話ししましたが、私は小学生の頃から担任の先生公認の「行列ができる・井上真由美悩み相談室」を開いていたので、人のエネルギーの透視は日々おこなっていました。

それでも生きづらかったのは、「オーラを浄化する」ということを知らなかったからです。

ですから、人生は、自分の周りを取り巻く小宇宙であるオーラ次第で、しかもオーラの状態を自分で変えることができると知ったとき、大袈裟《おおげさ》でもなんでもなく、「やっと、生きていけそう」と本気で思ったのです。

この本でも、

「自分で自分の答えを出せるようになる」

そして、

「自分で自分を幸せにできるようになる」

その方法をご紹介させていただきました。

日々実践していただければ、人生に変化を感じていただけるはずです。

オーラを浄化すればするほど、あなたの人生は、あなたが愛するもので満たされるでしょう。

「オーラの状態=人生」です。

本書が、あなたの人生を幸せに導く一助となりますように。

最後になりましたが、本書の出版にあたり、大変多くの方にお世話になりました。

まず、今までセッションをご利用くださったお客様、ゼミ会員様、セミナーにご参加くださった皆さまに感謝申し上げます。皆さまが真摯《しんし》にご自分の人生に向き合う姿と起こす奇跡に、私の方が何度も勇気づけられました。会いに来てくださり、ありがとうございました。

編集を担当してくださった河出書房新社の飯島恭子さん、ライターの江藤ちふみさん。私が思う、私のスピリチュアルを深く理解してくださり、同じ思いで読者に本書を届けてくださったこと、心から感謝しています。ありがとうございました。

ブックデザイナーの白畠かおりさん、イラストレーターの田中麻里子さん。編集の飯島さんからお２人のお名前を伺ったときは、「私のような新人に、こんなに素晴らしいクリエイターさんを!?」と恐縮でしたが、お忙しい中お引き受けくださり、本当に嬉しかったです。ありがとうございました。

また、いつも家族同然で寄り添ってくれる鍼灸師の佐藤芳美さん、同志としても懇意にしてくれる呼吸整体の森田敦史さん・森田愛子さん。返しきれないほどの愛情を、ありがとう。


そして最後に、恩師レバナ・シェル・ブドラ女史へ。

あなたがいなければ、私はまだ生まれ変われずにいたことでしょう。

本当に、本当にありがとうございます。

井上真由美

Profile

井上真由美

透視リーダー・ヒーラー。
幼少より予知能力があり、小学校では休み時間になると、屋上前の踊り場に相談待ちの行列ができ予約が殺到。両親の死を予知したことを機に、グラフィックデザイナーとして勤務していたデザイン会社をやめ、世界屈指の透視能力者レバナ・シェル・ブドラ女史に8年間師事し、本格的に透視力の研鑽を積む。「具体的な透視」と口コミで広まった個人セッション数はのべ6000人を超え、1年先まで契約する経営者が多数。新規予約は現在半年待ちである（2019年6月現在）。顧客は国内外の2歳～80歳。経営者、政治家、医師、アーティスト、芸能人からも信頼を得ている。

HP ▸ http://www.inouemayumi.com
blog ▸ https://ameblo.jp/hauoli-makana

本書の内容に関するお問い合わせは、お手紙かメール（jitsuyou@kawade.co.jp）にて承ります。
恐縮ですが、お電話でのお問い合わせはご遠慮くださいますようお願いいたします。

人生を自分で見通す力をつける
透視レッスン

2019年6月20日　初版印刷
2019年6月30日　初版発行

著　者　井上真由美
発行者　小野寺優
発行所　株式会社河出書房新社
〒151－0051　東京都渋谷区千駄ヶ谷2－32－2
電話　03－3404－1201［営業］　03－3404－8611［編集］
http://www.kawade.co.jp/

ブックデザイン　白畠かおり
イラスト　田中麻里子
編集協力　江藤ちふみ

DTP　ユノ工房　中尾淳
印刷・製本　三松堂株式会社

Printed in Japan
ISBN978-4-309-24913-1